Die

Verordnung

vom 1. Juni 1833

über den

Mandats-, summarischen

und

Bagatell-Prozeß,

nebst der

Gebühren-Taxe

vom 9. Oktober 1833

in Verbindung

mit sämmtlichen gesetzlichen und ministeriellen Ergänzungen und Erläuterungen.

Unter

Benutzung der Akten des Hohen Justiz-Ministeriums

herausgegeben

von

A. J. Mannkopff,

Königlich Preußischem Kammergerichts-Rath.

Berlin, 1837.

Verlag von G. Reimer.

Verordnung

über den Mandats-, summarischen und Bagatell-Prozeß, vom 1. Juni 1833,

und

Instruktion

zur Ausführung dieser Verordnung, vom 24. Juli 1833.

(Der nachfolgende Text der Verordnung ist zur Unterscheidung mit größerer Schrift gedruckt; die ohne weitere Ueberschrift mit kleinerer Schrift gedruckten Paragraphen sind die der Instruktion.)

Wir Friedrich Wilhelm, von Gottes Gnaden, König von Preußen rc. rc. Die in Unserer A. G. O. vorgeschriebenen Prozeßformen bedürfen für diejenigen Sachen, welche zu einem abgekürzten Verfahren geeignet sind, einer Abänderung, welche nicht füglich bis zur Vollendung der von Uns angeordneten allgemeinen Revision der Gesetze ausgesetzt bleiben kann; Wir verordnen daher einstweilen für diejenigen Provinzen Unserer Monarchie, in welchen die A. G. O. Kraft hat, jedoch mit Ausschluß des Großherzogthums Posen, auf den Antrag Unserer Justiz-Minister und nach vernommenem Gutachten einer von Uns aus Mitgliedern des Staatsraths ernannten Kommission, wie folgt:

Die Verordnung vom 1. Juni d. J. über den Mandats- und summarischen und den Bagatell-Prozeß hat zum Zweck, bei der Verfolgung von Rechts-Ansprüchen,

> welche auf Urkunden beruhen, und deshalb die Vermuthung ihrer Richtigkeit für sich haben, und von solchen Ansprüchen, welche ihrer Beschaffenheit oder ihrer Geringfügigkeit wegen als Gegenstände des gewöhnlichen Verkehrs eine besondere Beschleunigung verdienen,

ein Verfahren vorzuschreiben, wodurch der förmliche Prozeß, wo es möglich ist, vermieden, und wenn dieser Fall nicht eintreten kann, doch auf seine wesentlichen Grundlagen zurückgeführt werden soll.

Die Erlassung des Mandats hat nur dann einen Prozeß zur Folge, wenn der Verklagte gegründete Einwendungen zu machen hat und eine Entscheidung darüber verlangt; der summarische und Bagatell-Prozeß aber soll den Parteien eine persönliche Theilnahme an den Verhandlungen bis zur richterlichen Entscheidung, eine Beaufsichtigung ihrer Anwalte bei den wichtigsten ihrer Berufs-Arbeiten verstatten, und durch einen bestimmt vorgezeichneten Gang jede Zögerung von Seiten einzelner unter den betheiligten Personen, so wie des Gerichts verhindern. Das schriftliche Verfahren, wobei der Kläger und der Verklagte vollständig gehört werden, und die darauf folgende mündliche Verhandlung soll den erkennenden Richter von allen Einzelnheiten des Rechtsfalles durch den Vortrag eines richterlichen Beamten und den eigenen Vortrag der Parteien oder ihrer Stellvertreter unterrichten, und auf diese Weise bei der Behandlung dieser Prozesse deren Beschleunigung, unbeschadet der Gründlichkeit und Vollständigkeit der Erörterung, erreicht werden.

Sämmtliche Gerichte, denen die Verordnung zur Richtschnur vorgeschrieben ist, haben dafür zu sorgen, daß dieselbe in allen ihren Bestimmungen zur Ausführung gebracht werde, und werden zu diesem Zweck mit der nachstehenden Anweisung versehen.

Einleitung.

§. 1. In den Ressort-Verhältnissen der Gerichte hat die Verordnung nichts geändert.

Jede Klage ist daher bei dem Gericht anzubringen, welches nach der bestehenden Verfassung dazu kompetent ist.

Dieses unterzieht sich der Prüfung derselben nach Vorschrift der Prozeßordnung.

§. 2. Wird die Klage zulässig gefunden, und eignet sie sich nach §. 1. der Verordnung zum Mandats-Verfahren, so muß dieses letztere eingeleitet werden. Eignet sie sich nicht dazu, so findet bei Gegenständen von 50 Thalern und darunter der Bagatell-Prozeß — sonst nach §. 6 und 7. der Verordnung, der summarische oder der gewöhnliche Prozeß statt. (§. 75.)

§. 3. Den Parteien steht nicht frei, eine andere als die vorgeschriebene Prozeßform zu wählen.

§. 4. Wird der Mandats-Prozeß abgeschlagen, so steht dem Kläger der Rekurs gegen die abweisende Verfügung an die zunächst vorgesetzte Behörde zu. Eben so, wenn der Bagatell-Prozeß nicht eingeleitet wird, wo es hätte geschehen sollen. Ob der summarische oder gewöhnliche Prozeß einzuleiten ist, hängt von der Beurtheilung des Richters ab.

Die Landes-Justiz-Behörden haben jedoch, vermöge des ihnen zustehenden Rechts der Ober-Aufsicht darauf zu achten, daß die ihnen untergeordneten Gerichte hierbei nicht willkürlich verfahren, auch in den Prozeß-Tabellen die Mandats-, summarischen- und Bagatell-Prozesse von den gewöhnlichen gehörig trennen.

1) **Rescript** vom 29. Juli 1834, betr. die Ausführung der Verordnung vom 1. Juni 1833 im Großherzogthum Posen.

Nach §. 7. der Allerhöchsten Verordnung vom 16 Juni d. J. über die Einrichtung der Justiz-Behörden im Großherzogthum Posen sollen auch in dieser Provinz in allen Sachen, welche nach Inhalt der Verordnung vom 1. Juni v. J. dem Mandats- und Bagatell-Prozesse unterliegen, die Vorschriften dieser Verordnung zur Anwendung kommen; auch alle Injuriensachen, die nicht zur Kriminal- oder fiskalischen Untersuchung geeignet sind, und bisher zur Kognition der Friedensgerichte gehörten, nach den Bestimmungen dieser Verordnung und der Allerhöchsten C. O. vom 17. Oktbr. v. J. behandelt werden.

Das Königliche Ober-Appellationsgericht wird hierdurch angewiesen, diese Allerhöchsten Bestimmungen im Großherzogthum Posen mit dem 1, Oktbr. d. J. unter folgenden näheren Bestimmungen zur Ausführung zu bringen:

1) alle vom 1. Oktbr. d. J. ab bei den Gerichten des Großherzogthums Posen eingehenden Klagen, welche sich zur Verhandlung im Mandats- oder Bagatell-Prozesse nach der Verordnung vom 1. Juni und 17. Oktbr. v. J. und 16. Juni d. J. eignen, sind nach den Vorschriften dieser Verordnungen einzuleiten; alle am 1. Oktbr. d. J. bereits anhängigen Prozesse aber nach den bisherigen Vorschriften zu beendigen.

2) Wenn auf die von den Landgerichten erlassenen Mandate nach §. 3. der Verordnung vom 1. Juni v. J. von den Verklagten Einreden vorgebracht werden, welche eine mündliche Verhandlung der Sache nach §. 18. derselben Verordnung nöthig machen, so sind dieselben nach der Verordnung vom 9. Febr. 1817 zu behandeln.

3) Die Verhandlung und Entscheidung der nach der Verordnung vom 1. Juni v. J. eingeleiteten Civilsachen steht in zweiter Instanz dem Königl. Ober-Appellationsgericht zu. Die Injuriensachen bleiben in zweiter Instanz bei den Landgerichten, und gehen nach Auflösung derselben auf die Ober-Landesgerichte über. Das Rechtsmittel gegen ein aggravirendes Erkenntniß zweiter Instanz gelangt zur Entscheidung an das Ober-Appellationsgericht.

4) In den nach der Verordnung vom 1. Juni v. J. eingeleiteten Sachen kommt die Gebührentaxe vom 9. Oktbr. d. J. zur Anwendung.

Hiernach sind die Friedens- und die Landgerichte mit näheren Anweisungen zu versehen, und die eintretenden Veränderungen durch die Amtsblätter zur öffentlichen Kenntniß zu bringen.

(v. K. Jhrb. Bd. 44. S. 91.)

2) **Rescript** vom 20. Novbr. 1834 nebst Instruktion über die Anwendung der Verordnung vom 1. Juni 1833 bei den Gerichtskommissionen.

Auf Veranlassung einer Anfrage des Land- und Stadtgerichts zu Gardelegen wegen der Kompetenz der Gerichts-Kommission zu Calbe und Clötze im Mandats-Prozesse, wird dem Königlichen Ober-Landesgerichte in der Anlage (A.) eine für andere Gerichts-Kommissionen genehmigte Instruktion zur Anwendung des Gesetzes vom 1. Juni 1833 zugefertigt, um dieselbe gleichmäßig bei den Gerichts-Kommissionen seines Bezirks zum Grunde zu legen, auch das Land- und Stadtgericht zu Gardelegen demgemäß mit Anweisung zu versehen.

Berlin, den 20. November 1834.

A.

Instruktion

für die Gerichts-Kommissionen zur Anwendung des Gesetzes vom 1. Juni 1833 wegen des Mandats- und summarischen Prozesses.

A. In Hinsicht des Mandats-Prozesses.

1) Die Gerichts-Kommission erläßt selbstständig die Mandate und vollstreckt die Exekutionen, wenn innerhalb der bestimmten Frist keine Einwendungen gemacht werden.

2) Werden Einwendungen gemacht und beträgt das Objekt nicht über 50 Rthlr., so gehört die Instruktion und Entscheidung des Mandats-Prozesses vor die Kommission. Bei Objekten über 50 Rthlr. müssen die Akten zum mündlichen Verfahren und zur Entscheidung an das Land- und Stadtgericht abgegeben werden.

B. In Hinsicht des summarischen Prozesses.

3) Die Injuriensachen gehören vor die Gerichts-Kommission.

4) Die Gerichts-Kommission leitet ohne Unterschied des Objekts den summarischen Prozeß selbstständig ein. Die Beschwerden hierüber gehören nach §. 4. der Instruktion vor das Ober-Landesgericht.

5) Die Gerichts-Kommission ist ohne Unterschied des Objekts befugt, einen Termin zur Klagebeantwortung anzusetzen. Die Prorogation desselben hängt von der Gerichts-Kommission ab, so weit sie an sich gesetzlich zuläßig ist. Sie besorgt in dem Termin alles, was nach §. 12. bis 17. und §. 20. der Verordnung dem Deputirten obliegt.

6) Sie ist befugt, ohne Unterschied des Objekts, Kontumazial- und Agnitions-Erkenntnisse abzufassen und zu vollstrecken.

7) Wird in dem Klagebeantwortungs-Termin die Instruktion geschlossen, und findet ein weiteres mündliches Verfahren nicht statt, so erkennt die Gerichts-Kommission bei Objekten von 50 Rthlr. und darunter selbst. Bei höheren Objekten werden die Akten dem Land- und Stadtgericht zum Spruch eingereicht.

8) Tritt das mündliche Verfahren ein, so verbleibt die Instruktion und Entscheidung bei Objekten von 50 Rthlr. und darunter der Gerichts-Kommission. Bei höheren Objekten müssen die Verhandlungen zum mündlichen Verfahren dem Land- und Stadtgericht eingereicht werden.

9) Den nach §. 32. der Instruktion vorgeschriebenen Aktenauszug muß der bei dem Land- und Stadtgericht neu zu ernennende Deputirte anfertigen.

10) In Absicht aller übrigen Bestimmungen verbleibt es bei der besonderen Instruktion einer jeden Gerichts-Kommission.

Hamm, den 26. September 1833.

(v. K. Jhrb. Bd. 44. S. 362.)

3) **Rescript** vom 25. Oktbr. 1836, betr. die Kompetenz der Kreis-Justizräthe zur Einleitung von Mandatsklagen.

Dem Königlichen Ober-Landesgricht wird auf die Anfrage vom 6ten d. M.

die Kompetenz der Kreis-Justizräthe zur Einleitung von Mandats-Klagen betreffend,

hierdurch eröffnet, daß den Kreis-Justizräthen, welche nach der Verordnung vom 30. November 1833 angestellt worden sind, allerdings die Befugniß zusteht, Klagen, deren Gegenstand die Summe von 50 Rthlr. nicht übersteigt, mit Berücksichtigung der §§. 5. u. ff. der Instruktion vom 24. Juli 1833 zur Ausführung der Verordnung vom 1. Juli desselben Jahres auch in Mandatssachen anzunehmen, Mandate darauf zu erlassen und die dagegen erhobenen Einwendungen im Wege des Bagatell-Prozesses nach §. 13. jener Instruktion zu erörtern und zu entscheiden.

Es kann ihnen aber auch in diesen Sachen die selbstständige Verfügung der Exekution nicht überlassen werden, wie hinsichtlich der Bagatellsachen schon durch die Verfügung vom 1. September 1834 (v. K. Jhrb. Bd. 44. S. 111.) bestimmt worden ist.

(v. K. Jhrb. Bd. 48. S. 460.)

Erster Titel.

Vom Mandats-Prozesse.

§. 1.

Der Mandats-Prozeß soll künftig nicht bloß in den durch Tit. 28. §. 15. der Prozeßordnung bestimmten, sondern überhaupt in folgenden Fällen stattfinden:

1) wegen aller Verbindlichkeiten aus einseitigen Geschäften, wenn die darüber errichtete Urkunde

entweder nach §. 123. Tit. 10. der Prozeßordnung für eine öffentliche inländische Urkunde zu achten ist;

oder von einer inländischen öffentlichen Behörde in eigner Angelegenheit ausgefertigt worden;

oder mit Beglaubigung der Unterschrift durch ein inländisches Gericht oder einen inländischen Notar versehen ist.

2) wegen aller, auch aus zweiseitigen Geschäften herrührenden Forderungen von Kapitalien, Zinsen und zu bestimmten Zeiten wiederkehrenden Leistungen, wenn diese Forderungen aus dem Hypothekenbuche hervorgehen, oder wenn über dieselben in Ermangelung eines vollendeten Hypothekenbuches eine Rekognition von der Hypotheken-Behörde ertheilt worden ist;

3) wegen Ansprüche aus einem die Exekution nicht mehr zulassenden Erkenntnisse, seit dessen Rechtskraft noch nicht fünf Jahre verflossen sind;

4) wegen Forderungen der Geistlichen, gerichtlichen Anwalte und Notare, der Feldmesser und Kondukteure für ihre Gebühren und Auslagen, wenn diese durch die vorgesetzte Behörde festgesetzt worden sind und das Festsetzungs-Dekret mit der Klage zugleich überreicht wird, so wie der Gerichte für ihre Gebühren und Auslagen.

(Zu §. 1.)

§. 5. Der Mandats-Prozeß wird in den Fällen des §. 1. eingeleitet. Gehört die Urkunde zu den, Nr. 1 und 2. angeführten, so kann die Mandats-Klage auch noch vor der Verfallzeit nach §. 4. Nr. 1. und §. 16. Tit. 28., Prozeßordnung angestellt werden.

§. 6. Jeder Mandats-Klage muß die Urkunde, worauf sie sich gründet, in der Original-Ausfertigung beigelegt werden.

Werden aber rückständige Zinsen oder rückständige Termine gewisser jährlicher aus dem Hypothekenbuche ersichtlichen Leistungen von demjenigen eingeklagt, dessen Recht hierzu eingetragen ist, und führt zugleich der Richter das Hypothekenbuch, so genügt die Bezugnahme auf den Inhalt der Letzteren, ohne Produktion des Hypotheken-Instruments.

(Zu §. 1. Nr. 1. und 2.)

1) a. **C. O.** vom 17. Oktbr. 1833, betr. die Ausführung der Verordnung vom 1. Juni 1833, (ad 1. wegen Zulässigkeit der Mandats-Klage vor der Verfallzeit, ad 2., betr. die Nichtanwendung des Mandats-Prozesses wegen der Kostenforderungen der Gerichte.)

Aus Ihrem Berichte vom 16ten v. M. und der mit demselben Mir vorgelegten Instruktion für die Gerichte zur Ausführung der Verordnung vom 1. Juni d. J. habe Ich sowohl die Anweisungen, welche Sie zur Erleichterung des Verfahrens für die Gerichte erforderlich und angemessen gefunden, als auch die Erläuterungen ersehen, durch welche Sie etwanigen Mißverständnissen in der praktischen Anwendung des Gesetzes vorzubeugen beabsichtigen. Ich genehmige die von Ihnen vollzogene Instruktion vom 24. Juli 1833, und da diejenigen Vorschriften, welche nicht bloß zur Belehrung der Gerichte, sondern auch zur Norm für die Parteien bestimmt sind, einer gesetzlichen Bekanntmachung bedürfen, so setze Ich, mit Rücksicht auf Ihre besonderen Anträge, Folgendes fest:

1) Durch die Verweisung der unter Nr. 1. 2. §. 1. der Verordnung enthaltenen Forderungen zum Mandats-Prozeß hat die Vorschrift §. 4. Tit. 28. der Prozeßordnung, nach welcher wegen solcher Forderungen die exekutivische Klage auch vor der Verfallzeit statt findet, nicht abgeändert werden sollen; die Mandatsklage kann daher auch vor der Verfallzeit angestellt werden, und es ist das Mandat dahin zu erlassen: daß der Schuldner den Kläger mit dem Eintritte der Verfallzeit befriedige und die etwanigen Einwendungen binnen vierzehn Tagen anbringe, widrigenfalls nach Ablauf der Verfallzeit ohne Weiteres die Exekution erfolge.

2) Die Bestimmung unter Nr. 4. §. 1. der Verordnung über die Anwendung des Mandats-Prozesses auf die Forderungen der Gerichte für ihre Gebühren und Auslagen soll, da die zum Grunde liegende Reform der Verwaltung des gerichtlichen Sportelwesens in Betracht der umfassenden Vorarbeiten nicht gleichzeitig zur Ausführung gebracht werden kann, so lange suspendirt und das bisherige Verfahren der gerichtlichen Behörden bei Einziehung der festgesetzten gerichtlichen Kosten so lange beibehalten werden, bis die anderweitige Einrichtung der gerichtlichen Sportel-Verwaltung zu Stande gekommen sein wird.

3) Zu §. 6. Nr. 4. versteht es sich von selbst, daß unter den Forderungen der Handwerker gegenseitige Forderungen der Meister, Gesellen und Lehrlinge begriffen sind.

4) Zu §§. 8. u. f. Den Vorladungen an die Parteien ist die Verwarnung hinzuzufügen, daß der im Termin für sie erscheinende Stellvertreter durch Vollmacht oder Schreiben legitimirt sein müsse, widrigenfalls angenommen werde, daß Niemand für sie erschienen sei.

5) Die Festsetzung im §. 69. erkläre Ich dahin, daß gegen ein Kontumazial-Erkenntniß die Restitution auch dann zulässig ist, wenn der Gegenstand des Prozesses zwischen 20 bis 50 Rthlr. beträgt.

Ich beauftrage Sie, diese Bestimmungen durch Aufnahme Meines Befehls in die G. S. zur allgemeinen Kenntniß zu bringen und überlasse Ihnen zugleich, die Gerichte auf die anderweitigen Erinnerungen über einzelne Anweisungen der Instruktion zu belehren und zu bescheiden.

b. **Rescript** vom 6. Januar 1834, 11. Januar 1837 und 3. Oktober 1835, betr. den Nachweis der Kündigung bei Anstellung der Mandats-Klage wegen einer erst nach vorheriger Kündigung zahlbaren Forderung.

Die unterm 27sten v. M. gegen das dortige Königl. Landgericht darüber geführte Beschwerde, daß Ihnen der Mandats-Prozeß verweigert worden, haben Sie, wenn Sie sich damit durchzukommen getrauen, im Wege des Rekurses an die Instanz, welche in appellatorio zu erkennen haben würde, nach §. 5. der Allerhöchsten Verordnung vom 1. Juni 1833 zu verfolgen. Der Justiz-Minister eröffnet Ihnen übrigens, daß er mit der Ansicht des Landgerichts sich ganz einverstanden erklären muß. Der Mandats-Prozeß erfordert, daß die Verbindlichkeit durch eine öffentliche Urkunde nach §. 1. Nr. 1. der vorgedachten Verordnung festgestellt sey. Hängt die Verbindlichkeit zur Zahlung von einer gehörig erfolgten Kündigung ab, so muß auch die Kündigung auf gleiche Weise festgestellt und nicht bloß bescheinigt sein. Aus dem § 3. der Verordnung, welcher bestimmt, welche Einwendungen im Mandats-Prozesse nur zulässig sind, ergiebt sich dies von selbst. Wollen Sie daher den Mangel eines gehörigen Dokuments über die erfolgte Kündigung nicht nachholen, oder die in der Allerhöchsten Kabinets-Order vom 17. Oktbr. v. J. Nr. 1. G. S. S 119. nachgelassene Mandats-Klage nicht anstellen, so steht Ihnen nach §. 6. Nr. 1. daselbst nur frei, im summarischen Prozesse zu klagen.

Berlin, den 6. Januar 1834.

Dem (Tit.) wird auf die Anfrage vom 23sten v. M. u. J.

ob zur Begründung des Mandats-Prozesses der Nachweis der erfolgten Kündigung durch öffentliche Urkunden geführt werden muß, oder eine bloße Bescheinigung darüber genügt?

hierdurch eröffnet, daß der Justiz-Minister die Ansicht des (Tit.) wonach die Frage in Uebereinstimmung mit dem früheren Rescripte vom 6. Januar 1834 nach der ersten Alternative zu bejahen ist, für die richtige hält, und das Ober-Landesgericht in N. davon in Kenntniß gesetzt hat.

Berlin, den 11. Januar 1837.

Der Justiz-Minister überläßt zwar dem (Tit.), wie demselben auf den über die Beschwerde des Lehrers B.

in der Rechtssache der Wittwe S. wider den Eigenthümer K.

erstatteten Bericht vom 21sten v. M. bei Rücksendung der eingereichten Akten, hierdurch eröffnet wird, die Bescheidung des Bittstellers mit Rücksicht darauf, daß der Rekurs wegen verweigerten Mandats-Prozesses überhaupt nur an die Instanz, welche in zweiter Instanz zu erkennen haben würde, gehen soll. Das (Tit.) hat indeß noch besonders in Erwägung zu ziehen:

daß der Bescheinigung der Stadtpost-Expedition und des Briefträgers auf dem producirten Kündigungsschreiben nicht deshalb, weil sie ohne Siegel ausgestellt ist, und die Aussteller dem Kollegium unbekannt sind, die Eigenschaft einer öffentlichen Urkunde abgesprochen werden kann.

§. 123. Tit. 10 Prozeßordnung.

Die Stadtpost-Expedition ist eine Behörde und der Briefträger ein Beamter, welcher dazu bestellt ist, dergleichen Bescheinigungen auszustellen.

Abschrift der demnächst ertheilten Resolution ist dem Justiz-Minister einzureichen.

Berlin, den 3. Oktober 1835.

(Act. des Justizm. L. R. No. 35. Vol. 3. fol. 128. Vol. 8. fol. 12. Vol. 6. fol. 89.)

2) a. **Rescript** vom 8. Dezember 1834, betr. die Anstellung der Mandatsklage wegen einer Hypothekenforderung gegen den Eigenthümer des verpfändeten Grundstücks, wenn für denselben der Besitztitel noch nicht berichtigt ist.

Das Königl. Ober-Landesgericht erhält in der Anlage eine Abschrift der Beschwerde des Premier-Lieutenants a. D. W. vom 17ten v. M. über die Zurückweisung der von ihm gegen die eingetragenen Besitzer des Ritterguts T. angestellten Mandatsklage.

Der Justiz-Minister geht von der Ansicht aus:

1) daß die Mandatsklage wegen einer Hypotheken-Forderung, sie betreffe Kapital oder Zinsen,
   a. entweder gegen die Person des Schuldners,
   oder
   b. gegen den Eigenthümer des verpflichteten Guts angestellt werden darf,
   und
2) daß es in letzterem Falle keinen Unterschied macht, ob der Eigenthümer seinen Besitztitel bereits hat eintragen lassen, oder nicht.

Will der Hypotheken-Gläubiger sein Pfandrecht gegen das ihm verpfändete Grundstück geltend machen, also in den Stand gesetzt werden, die Exekution in das Grundstück selbst zu richten, so kann er die Klage nicht gegen den vorigen Eigenthümer, sondern nur gegen den zur Zeit der Anstellung derselben vorhandenen Eigenthümer richten.

Nur wenn der Letztere das Grundstück nach erfolgter Behändigung der Klage veräußert,

§. 9. Tit. 24. der Prozeßordnung,

geht die Verpflichtung aus dem Erkenntnisse auf den neuen Besitzer über.

Ist die Veräußerung vor der Behändigung der Klage erfolgt, so kann ein gegen den Vorbesitzer erstrittenes Erkenntniß gegen den Nachfolger desselben nicht verfolgt werden.

Im vorliegenden Falle ist daher, wenn S. Eigenthümer des Gutes T. ist, das Hypotheken-Zinsenmandat gegen ihn, und nicht gegen seine Vorbesitzer zu richten. Ist es aber zweifelhaft, ob S. Eigenthümer ist, so ist dem Premier-Lieutenant W. zu überlassen, zuvor darauf anzutragen, daß S. zur Berichtigung seines Besitztitels auf Grund der Allerh. C. O. vom 31. Oktbr. 1831

G. S. S. 251.

angehalten werde.

Hiernach hat sich das Königliche Ober-Landesgericht zu achten, und wenn der Antrag auf Berichtigung des Besitztitels eingeht, nach Inhalt der Cabinets-Ordre vom 6. Oktbr. 1833

G. S. S. 124.

die Sache von Amtswegen zu betreiben.

(v. K. Jhrb. Bd. 44. S. 409.)

b. **Rescript** vom 12. Septbr. 1835, betr. die Zulässigkeit der Mandatsklage aus ausländischen Notariats-Urkunden, desgl. gegen Erben, deren Besitztitel noch nicht berichtigt ist.

Dem Königl. Land- und Stadtgerichte wird auf die Anfragen im Berichte vom 11ten v. M. Folgendes eröffnet:

1) Die Frage:
   ob der Mandats-Prozeß aus einer zur Zeit der Westphälischen Herrschaft von einem Westphälischen Notar aufgenommenen Urkunde zuläßig sei, wenn auf Grund derselben Kapitalien, Zinsen, oder zu bestimmten Zeiten wiederkehrende Leistungen in dem Hypothekenbuche eingetragen, oder ein Rekognitions-Attest darüber ertheilt worden?

muß unbedenklich bejaht werden. In diesem Falle kommt es nach §. 1. Nr. 2. der Verordnung vom 1. Juni 1833 nicht auf die Form der Urkunde an, woraus die Forderung entstanden ist, es entscheidet vielmehr der Umstand, daß die letztere aus dem Hypotheken-Buche oder der Rekognition hervor gehet.

2) Die Frage:
   ob der Mandats-Prozeß aus einer solchen Urkunde statt finde, wenn diese über ein einseitiges Geschäft errichtet und die daraus entspringende Verbindlichkeit weder in dem Hypothekenbuche eingetragen, noch ein Rekognitions-Attest darüber ertheilt worden?

beantwortet sich aus §. 1. Nr. 1. der gedachten Verordnung, in Verbindung mit §. 191. des Anhanges zu §. 2. Tit. 28. Th. I. der A. G. O. Das Requisit einer

Mandatsklage nach der ersteren Gesetzstelle ist Begründung derselben durch eine öffentliche inländische Urkunde. Einer solchen stehen nach §. 191. des Anhanges die Notariats-Urkunden gleich, die in den mit der Preußischen Monarchie wieder vereinigten Provinzen nach dem dort gültig gewesenen Französischen oder Westphälischen Rechte aufgenommen worden sind. Mithin müssen die auf solche Urkunden über einseitige Geschäfte gegründeten Mandats-Klagen zugelassen werden.

3) Daß die Mandatsklage gegen Erben zulässig ist, wenn dieselben auch ihren Besitztitel noch nicht haben eintragen lassen, folgt aus dem Rescripte vom 8. Dez. v. J. (Jhrb. Bd. 44. S. 409). Daß der Mandatskläger aber verpflichtet sei, die Erbes-Qualität der Verklagten gleich bei Anbringung der Klage durch eine öffentliche Urkunde zu beweisen, ist nirgends verordnet. Es genügt, wenn er seine Wissenschaft über das Erbschafts-Verhältniß vorträgt, und die Vorschrift des §. 4. Nr. 8. Tit. 5. Prozeßordnung beachtet. Es bleibt sodann die Sache des Verklagten, seine Einwendungen in dieser Beziehung aufzustellen (§. 2. Tit. 9. Prozeßordnung). Die §§. 32. Tit. 7. und 11. Tit. 24. der Prozeßordnung enthalten für den Richter die leitenden Vorschriften. Es versteht sich indeß von selbst, daß wenn der Verklagte die behauptete Erben-Qualität in Abrede nimmt, der Kläger den Beweis darüber in dem einzuleitenden Verfahren sogleich führen muß.

4) Was endlich das Bedenken betrifft,

> ob alle von dem Kläger zur Begründung der Mandatsklage produzirten Urkunden inländische sein müssen?

so erledigt sich dasselbe dadurch, daß nach §. 1. Nr. 1. der Verordnung vom 1. Juni 1833 nur erfordert wird, daß die Verbindlichkeit durch eine inländische Urkunde feststehe. Wenn hiernach das Gesetz bloß verlangt, daß diejenige Urkunde eine inländische sei, durch welche die Verpflichtung des Verklagten begründet werden soll, so folgt daraus von selbst, daß alle übrigen in dem besonderen Falle erforderlichen Urkunden, wie z. B. diejenigen, welche der Kläger zu seiner Legitimation als Nachfolger des ursprünglich Berechtigten beibringt, nur solche Dokumente zu sein brauchen, welche nach Vorschrift der Prozeßordnung keiner Rekognition bedürfen.

Nach vorstehenden Grundsätzen hat das Königl. Land- und Stadtgericht in vorkommenden Fällen zu achten.

(v. K. Jhrb. Bd. 46. S. 123.)

3) Rescript vom 19. Januar 1835, betr. die Einklagung hypothekarisch versicherter Natural-Leistungen.

Dem Königl. Ober-Landesgerichte wird bei Zufertigung einer von den Vorstehern des dortigen Hospitals St. Georgi in Sachen dieses Hospitals wider den Ackermann N. zu C. unterm 24. Dezbr. v. J. eigereichten Vorstellung hiermit eröffnet, wie der Justiz-Minister der von den Supplikanten aufgestellten Ansicht darin beitritt, daß die Mandatsklage in den Fällen zulässig ist,

> wenn statt des in dem Hypothekenbuche mit Vermerkung des Verfalltages eingetragenen jährlichen Pachtkornes der durch das Amtsblatt der Provinz oder durch ein öffentliches Attest bescheinigte, am Verfalltage gegoltene Marktpreis gefordert wird.

Aus der Bestimmung im §. 1. Nr. 2. der Verordnung vom 1. Juni 1833, wonach der Mandats-Prozeß wegen aller zu bestimmten Zeiten wiederkehrenden Leistungen, wenn diese aus dem Hypothekenbuche hervorgehen, stattfindet, folgt keineswegs, daß in den Fällen, da nach gesetzlicher Vorschrift der Berechtigte statt der fortlaufenden Natural-Prästationen deren mittleren Marktpreis am Verfalltage zu verlangen befugt ist, die Mandatsklage hierauf nur alsdann gerichtet werden könnte, wenn auch der geforderte Preis sich aus dem Hypothekenbuche ergiebt. Die Wahl des Berechtigten, ob er nach dem Verfalltage noch die Natural-Lieferung oder baare Bezahlung nach dem an jenem Tage stattgehabten mittleren Marktpreise fordern will, ist eine vermöge des Gesetzes die Saumseligkeit des Verpflichteten treffende Folge (§. 479. Th. II. Tit. 7. des A. L. R.) Um das Eintreten derselben zu konstatiren, bedarf es keines Beweises; sie geht von selbst aus der durch Ablauf des Fälligkeits-Termins dargelegten Zögerung des Verpflichteten hervor. Nur die Verbindlichkeit zur Entrichtung der Natural-Leistung und der auf Grund des gesetzlichen Wahlrechts verlangte Geldwerth derselben müssen in der Art bewiesen werden, wie die Verordnung vom 1sten Juni 1833 es rücksichtlich der zur Substantiirung der Mandatsklage gehörenden Thatsachen bedingt. Rücksichtlich jener Verbindlichkeit und des jedesmaligen Fälligkeits-Termins wird indeß der Beweis durch das Hypothekenbuch nach §. 1. Nr. 2. der Verordnung geführt, und Behufs der Konstatirung des Marktpreises genügt die Beilegung eines öffentlichen Attestes, wofür auch das Amtsblatt erachtet werden muß. (§. 1. Nr. 1. der Verordnung und §. 127. Th. I. Tit. 10. der A. G. O.)

Hiernach hat das Königliche Ober=Landesgericht in vorkommenden Fällen die Mandatsklage zuzulassen, und ist demgemäß auch das Land= und Stadtgericht zu Burg zu belehren.

(v. K. Jhrb. Bd. 45. S. 198.)

(Zu §. 1. Nr. 3.)

§. 7. Wird die Klage aus einem Judikat bei dem Richter des Vorprozesses angestellt, so reicht die Bezugnahme auf die früher verhandelten Akten hin. Gründet sich aber der Anspruch auf eine Urkunde, die eine Uebertragung desselben auf einen Dritten zuläßt, und ist die Urkunde nicht mehr bei den Akten, so muß sie erst wieder eingereicht werden, ehe das Mandat erlassen werden darf.

Rescript vom 9. Februar 1834, betr. die Zulässigkeit des Mandats=Prozesses aus einem Vergleiche.

Dem (Tit.) wird hierneben abschriftlich die von dem Gerichte der Städte B. gemachte Anfrage vom 27. v. M. in der Prozeßsache der A.schen Erben wider den Bürgermeister S. mit dem Bemerken zugefertigt, daß der Justiz=Minister mit der Ansicht des genannten Gerichts dahin einverstanden ist, daß das Mandats=Verfahren nach §. 1. der Verordnung vom 1. Juni v. J. auch aus einem, im Prozesse geschlossenen Vergleich, falls dieser noch nicht älter als 5 Jahre ist, unbedenklich statt findet, da ein solcher Vergleich, eben so wie ein Kontumazial=Bescheid oder Agnitions=Resolut nach §. 13. A. G. O. Thl. I. Tit. 11. und §. 4. A. G. O. Th. I. Tit. 24. dem Erkenntnisse gleich steht.

Das (Tit.) hat sich hiernach künftig zu achten.

(Act. des Justizm. L. R. Nr. 35. Vol. 3. fol. 163.)

(Zu §. 1. Nr. 4.)

§. 8. Justiz=Kommissarien, Notare, Feldmesser und Kondukteure, desgleichen Rendanten der Gerichts=Gebühren=Kassen sind berechtigt, die Erlassung einer Zahlungs=Verfügung bei den Akten in Antrag zu bringen, in welcher die Festsetzung ihrer Gebühren und Auslagen erfolgt ist; wird die Zahlung aber nicht geleistet, so sind sie nur befugt, eine förmliche Mandats-Klage anzustellen und diese unter Beifügung einer Ausfertigung der Kosten=Rechnung und des Festsetzungs=Dekrets, entweder bei dem Richter, vor welchem die Rechts=Angelegenheit geschwebt hat, oder im persönlichen Gerichtsstande des Schuldners einzureichen.

1) **C. O.** vom 17. Oktober 1833, ad 2, wonach in Ansehung der Kostenforderungen der Gerichte die Vorschrift §. 1. Nr. 4. suspendirt und das bisherige Kosten=Einziehungs=Verfahren beibehalten worden; s. oben zu §. 1. Nr. 1. und 2.

2) a. **Rescript** vom 18. Januar 1834, daß es Behufs der Erstattung der Mandatarien=Gebühren vom Gegentheil nicht der Mandatsklage bedarf.

Dem (Tit.) wird bei Zufertigung einer Abschrift der von dem Ritterguts=Besitzer H. in Sachen seiner wider den Inspektor N. unter dem 7ten d. M. angebrachten Beschwerde Folgendes eröffnet:

Zur Wiedereinziehung der dem eignen Mandatar gezahlten Deserviten und Auslagen vom Gegentheil bedarf es keiner Mandatsklage, da die Verbindlichkeit der Parteien zur Erstattung der Kosten schon im Hauptprozesse festgesetzt worden ist, weshalb auch am Schluß der Gebühren=Taxe vom 9. Oktbr. v. J. bestimmt worden, daß es hinsichts der allgemeinen Grundsätze von der Verpflichtung zur Erstattung der Kosten bei den Bestimmungen des 23sten Titels der Prozeßordnung verbleibe. Dagegen ist eine Mandatsklage angeordnet, wenn der Justiz=Kommissar seine festgesetzten Deserviten und Auslagen von seinem Mandanten nicht erhalten kann.

Hiernach hat das (Tit.) das Weitere in der Beschwerdesache des Gutsbesitzers H. zu veranlassen.

(Act. des Justizm. L. R No. 35. Vol. 3. fol. 148c.)

b. Vergl. **Rescripte** vom 3. und 6. Oktober 1834, wonach die Mandatsklage wegen Mandatarien-Gebühren nur gegen den Mandanten zulässig ist, und Justiz-Kommissarien ihre Gebühren vom Gegner ihres Mandanten nur im Namen ihres Mandanten oder auf Grund einer Cession oder Ueberweisung einziehen können. v. K. Jhrb. Bd. 44. S. 393. (s. A. G. O. I. 23. § 25. Nr. 9.)

c. **Rescript** vom 25. März 1836 und 20. März 1837, betreffend die Begründung der Mandatsklage wegen Mandatarien-Gebühren.

Dem (Tit.) wird bei abschriftlicher Mittheilung der Vorstellung des dortigen Justizraths G. in seinem Mandats-Prozesse wider den v. T. vom 11. d. M. hierdurch eröffnet, daß hinsichtlich der Gebühren der Mandatarien die Anbringung des Mandats bei den Prozeß-Akten erfolgen kann, und die Anlegung besonderer Akten erst, wenn Einwendungen angebracht worden, nothwendig ist.

Da die Kostenrechnung und das Festsetzungs-Dekret jederzeit in den Prozeß-Akten zu finden sind, so erscheint es genügend, wenn der Mandatarius hierauf Bezug nimmt, und ist es nicht erforderlich, daß der Erlaß des Mandates von der vorgängigen Einreichung einer Ausfertigung der Kostenrechnung und des Festsetzungs-Dekrets abhängig gemacht wird. Nur in dem Falle, wenn die Mandatsklage bei einem andern Richter als demjenigen, vor welchem die Rechts-Angelegenheit geschwebt hat, angestellt wird, muß jederzeit eine Ausfertigung der Kostenrechnung und des Festsetzungs-Dekretes beigefügt werden.

Hiernach ist zu verfahren und im vorliegenden Falle das Weitere zu veranlassen.

Berlin, den 25. März 1836.

Auf Ihre Anfrage in Sachen des Bauern H. wider die übrigen Hofwirthe gereicht Ihnen bei Rücksendung der Anlage hierdurch zum Bescheid, daß jeder Justiz-Kommissarius nach §. 8. der Instruction vom 24. Juli 1833 zwar das Recht hat, den Erlaß einer Zahlungs-Verfügung wegen festgesetzter Gebühren, deren Berichtigung verweigert wird, vor Anstellung der Mandatsklage bei der Behörde, welche seine Gebühren festsetzt, in Antrag zu bringen; daß indeß der jedesmalige Erlaß einer solchen Verfügung zur Begründung der Mandatsklage nach §. 1. Nr. 4. der Verordnung vom 1. Juni 1833 keinesweges durchaus nothwendig ist, vielmehr der Justiz-Kommissarius auch seinen Mandanten selbst zur Zahlung auffordern, und, wenn diese nicht erfolgt, die Mandatsklage erheben kann.

Berlin, den 20. März 1837.

(Act. des Justizm. L. R. No. 35. Vol. 7. fol. 66. Vol. 8. fol. 30.)

d. **Rescript** vom 10. Dezember 1836, daß Gebühren-Forderungen der Justiz-Kommissarien an Dritte abgetreten, und, nach geschehener Festsetzung vom Cessionar bei dem Gerichte, bei welchem sie entstanden sind, im Mandats-Prozesse eingeklagt werden können.

In Sachen des Lehnserben wider die Allodial-Erben des von der H. erhält das Königl. Kammergericht die anliegende Beschwerde des Justiz-Kommissarius A. vom 19ten v. M.

Der Justiz-Minister ist der Ansicht:

1) daß die Befugniß der Justiz-Kommissarien, ihre Gebühren und Auslagen bei den Gerichten, bei welchen der Prozeß oder die Rechtsangelegenheit geschwebt hat, worin jene Kosten entstanden sind, gegen ihre Klienten einklagen zu dürfen

§. 8. der Instruktion vom 24. Juli 1833 (Jhrb. Bd. 41. S. 440.)

als eine mit der Forderung selbst verbundene, und nicht als eine an die Person des Berechtigten geknüpfte Befugniß (jus personalissimum) anzusehen; daß dieselbe daher an sich cessionsfähig ist, eben so aber auch, wie der Anspruch auf den Gerichtsstand der Erbschaft, des Kontrakts u. s. w. aus einer Erbschafts-Forderung oder einer Forderung aus dem Kontrakte, nach §. 46. Tit. 16. Th. I. des Allg. L. R. durch die bloße Befriedigung des Gläubigers auf einen Dritten übergeht.

Denn es ist diese Befugniß weder den Justiz-Kommissarien als eine persönliche Begünstigung gegeben, noch der Forderung als ein besonderes Vorrecht beigelegt worden, sondern es ist diese Bestimmung im Interesse der Rechtspflege, zu Gunsten sowohl der Berechtigten als der Verpflichteten erfolgt, um beiden die Ausführung ihrer Gerechtsame dadurch zu erleichtern, daß deren Erörterung vor dem Gerichte erfolgen kann, bei dem die Akten aufbewahrt werden, die der Forderung zum Grunde liegen.

Der Justiz-Minister ist aber ferner der Meinung:

2) daß der Klage die Festsetzung der Gebühren und Auslagen vorausgehen muß und daß alsdann auf Grund der Festsetzungs-Dekrete

nur die Mandatsklage angestellt werden darf; weil niemand schuldig ist, einem Justiz-Kommissarius, also auch nicht dessen Cessionar, Kosten zu bezahlen, ehe er dieselben hat festsetzen lassen, und weil es nicht gestattet werden kann, eine Klage im summarischen oder ordentlichen Prozesse anzustellen in Fällen, in denen das Mandats-Verfahren vorgeschrieben worden (§. 2. und 3. der Instr. vom 24. Juli 1833.) (v. K. Jhrb. Bd. 48. S. 457.)

3) a. C. O. vom 19. Juni 1836, betr. die Einziehung der Kirchen-, Pfarr- und Schul-Abgaben, imgleichen der Forderungen der Medizinal-Personen.

Da bei Einforderung von Kirchen- und Pfarr-Abgaben sowohl über die Zulässigkeit der Exekution ohne vorgängigen Prozeß, als auch darüber, ob die Exekution von dem Richter oder von der betreffenden Regierung zu verfügen ist, Zweifel entstanden, auch gleichzeitig über die Einziehung der Forderungen der Medizinal-Personen nähere Bestimmungen in Antrag gebracht worden sind, so verordne Ich hierdurch, nach den Anträgen des Staats-Ministeriums, auf Ihren Bericht vom 2ten d. M.:

1) Alle beständige dingliche oder persönliche Abgaben und Leistungen, welche an Kirchen und öffentliche Schulen, oder an deren Beamte, vermöge einer allgemeinen gesetzlichen, oder auf notorischer Orts- oder Bezirks-Verfassung beruhenden Verbindlichkeit zu entrichten sind, desgleichen die Forderungen öffentlicher Schul- und Erziehungs-Anstalten an Schul- und Pensionsgeld, unterliegen bei Säumigkeit der Debenten sowohl hinsichtlich der laufenden als der aus den letzten zwei Jahren rückständig verbleibenden Beträge der exekutivischen Beitreibung durch die betreffende Verwaltungs-Behörde.

2) Die exekutivische Beitreibung wird gehemmt, wenn der in Anspruch Genommene eine Exemtion behauptet und wenigstens seit zwei Jahren, vom letzten Verfalltermine zurückgerechnet, im Besitze der Freiheit sich befindet.

3) Das rechtliche Gehör bleibt nach Vorschrift des §. 79. u. ff. Tit. 14. Th. 2. des A. L. R., der Verordnung vom 26. Dezember 1808, §§. 41. und 42., einem Jeden verstattet, der aus besonderen Gründen die Befreiung von einer solchen Abgabe oder Leistung geltend machen will, oder in der Bestimmung seines Antheils, über die Gebühr belastet zu sein behauptet.

4) In Betreff der, aus besonderen Kontrakten oder testamentarischen Dispositionen auf Grundstücken haftenden jährlichen Abgaben an Kirchen und Schulen (§. 430. Tit. 50. der Prozeßordnung) findet die Exekution nicht sofort statt, es muß vielmehr, wenn sie eingetragen sind, der Mandats-Prozeß, und wenn sie nicht eingetragen sind, der Bagatell- oder summarische Prozeß, nach näherer Anleitung der desfallsigen gesetzlichen Bestimmungen, vorausgehen.

5) Wegen aller andern Forderungen der Kirchen- und Schul-Bedienten findet, wenn sie mit einem Festsetzungs-Dekrete versehen sind, der Mandats-Prozeß, sonst der Bagatell- oder summarische Prozeß, nach Vorschrift der Verordnung vom 1. Juni 1833 statt.

6) Die Forderungen ordnungsmäßig konzessionirter Privatschul- und Erziehungs-Anstalten an rückständigem durch ihren Einrichtungsplan festgesetzten Schul- oder Pensionsgelde aus dem Zeitraume eines Jahres von Einreichung der Klage zurückgerechnet, dürfen im Wege des Mandats-Prozesses eingeklagt werden.

7) Mit gleicher Zeitbeschränkung soll dieses Vorrecht auch den Forderungen der Medizinal-Personen und Apotheker für ihre Besuche, Operationen und Arzneimittel zustehen. Die Liquidationen müssen jedoch von den ärztlichen Personen aller Klassen mit spezieller Angabe der Dienst-

leistungen und mit Berechnung einer jeden Dienstleistung nach den Bestimmungen der Medizinal-Taxe aufgestellt, so wie die Rechnungen der Apotheker mit den ärztlichen Rezepten und einem Festsetzungs-Dekrete belegt sein. (G. S. S. 198.)

b. **Rescript** vom 8. April 1837, betr. die Einklagung der Forderungen der Medicinal-Personen im Mandats-Prozesse.

Das (Titel) erhält anliegend Abschrift der Beschwerde des Dr. K. in seiner Prozeßsache wider die unverehelichte L. vom 28. v. M. und die, von der Civil-Deputation des hiesigen Stadtgerichts abgeforderten Akten in der bezeichneten Sache mit dem Eröffnen, daß die, dem Beschwerdeführer von dem Kollegium unterm 20. v. M. ertheilte Resolution nicht gerechtfertigt erscheint.

Die Allerhöchste Ordre vom 19. Juni v. J. sagt unter 7. ausdrücklich:

daß auch den Forderungen der Medicinal-Personen aus dem letzten Jahre das Vorrecht zusteht, im Wege des Mandats-Prozesses eingeklagt zu werden,

und fordert zu dem Ende nur:

daß die Liquidationen mit spezieller Angabe der Dienstleistungen und mit Berechnung einer jeden Dienstleistung nach den Bestimmungen der Medicinal-Taxe aufgestellt werden sollen,

nicht aber, daß sie mit einem Festsetzungs-Dekret (wie die Rechnungen der Apotheker) belegt sein müssen.

Dem (Tit.) wird, um dies noch deutlicher und zugleich die Motive zu ersehen, ein Extrakt aus dem Immediat-Bericht, worauf die Allerhöchste Ordre ergangen ist, anliegend mitgetheilt.

Das Kollegium hat hiernach das Stadtgericht, welches auf die Mandatsklage ohne nähere Prüfung, statt das Mandat zu erlassen, oder den Kläger zu bescheiden, einen Instruktionstermin anberaumt hat, mit Anweisung zu versehen.

(Act. des Justizm. L. R. Nr. 35. Vol. 8. fol. 49.)

§. 2.

In diesen Fällen wird auf die Klage, unter abschriftlicher Mittheilung derselben, ein Befehl an den Verklagten erlassen, binnen vierzehn Tagen, vom Tage der Insinuation des Befehls an, entweder den Kläger klaglos zu stellen, oder seine Einwendungen gegen die Forderung mündlich zu Protokoll oder schriftlich anzubringen, widrigenfalls auf Antrag des Klägers, und nach gehörig geschehener Insinuation — wovon der Kläger zu benachrichtigen ist — die Exekution verfügt werden würde.

In besonderen Fällen steht dem Richter die Befugniß zu, die Frist auf acht Tage zu verkürzen, oder bis auf 6 Wochen zu verlängern.

(Zum §. 2.)

§. 9. Bei der Abfassung des Mandats und bei der Bestimmung der Frist zu seiner Befolgung, ist die Vorschrift des §. 2. genau zu beachten. Die Frist wird durch den Decernenten bestimmt.

1) **Rescript** vom 1. August 1834, betr. die Verbindung eines Arrestgesuchs mit der Mandatsklage.

Die von dem (Tit.) im Berichte vom 22. v. M., wegen Behandlung der gewöhnlichen Arreste im Mandats- und summarischen Prozesse vorgetragene Ansicht, wonach insbesondere beim Arrest im Mandatsprozeß das Mandat dahin zu erlassen ist:

„daß der beantragte und angelegte Arrest für justificirt erachtet worden, und daß Verklagter gehalten, den Kläger binnen 14 Tagen klaglos zu stellen, oder seine Einwendungen gegen die Forderungen und den Arrest anzubringen, widrigenfalls es bei dem verhängten Arrest bis zur erfolgenden Befriedigung des Klägers verbleiben und auf seinen Antrag die Exekution verfügt werden würde,"

wird hierdurch gebilligt, und ist danach ferner zu verfahren.

(Act. des Justizm. L. R. No. 35. Vol. 4. fol. 116.)

2) **Rescript** vom 9 März 1837, betr. die Unzulässigkeit der Aufhebung eines erlassenen Mandats durch eine Verfügung der Aufsichtsbehörde.

Dem (Tit.) wird anliegend der Bericht des dortigen Stadtgerichts in Sachen der Wittwe B. wider den Brantweinbrenner L. vom 14. v. M. in Abschrift mit dem Eröffnen zugefertigt, daß der Justizminister der Ausführung des Stadtgerichts nur beitreten kann.

Es ist nicht zulässig, daß ein einmal eingeleiteter Mandats-Prozeß durch eine Verfügung der Aufsichtsbehörde beseitigt, oder die, aus dem rechtskräftigen Mandate verfügte Exekution auf die Beschwerde des Verklagten, der die Vorbringung seiner Einreden in der vorgeschriebenen Art unterlassen hat, wieder aufgehoben wird. Der Verklagte, welcher sich darauf berufen will, daß die vom Kläger gewählte und vom Gerichte zugelassene Prozeßart in den Gesetzen nicht begründet sei, muß dies als Einrede vorbringen, so daß darüber erkannt werden kann.

Versäumt er dies im Mandats-Prozeß, so wird das erlassene Mandat rechtskräftig, und er kann sich späterhin und in der Exekutions-Instanz nicht darauf berufen, daß das Mandat gesetzlich nicht begründet gewesen.

Das (Titel) hat hiernach die Verfügung vom 27. Januar d. J.

der zufolge die Exekution in dieser Sache sistirt und die Klägerin zum summarischen Prozeß verwiesen werden soll,

zurückzunehmen.

(Act. des Justizm. L. R. Nr. 35. Vol. 8. fol. 27.)

§. 10. Was die Insinuation des Mandats betrifft, so haben die Gerichtsboten darüber, — so wie über eine jede andere ihnen obliegende Zustellung einer gerichtlichen Verfügung, wovon irgend ein Rechtsnachtheil abhängig ist, — einen vollständigen Bericht zu erstatten, der zu den Akten gebracht werden muß. Der Bericht soll enthalten

1) in einer Seiten-Rubrik:

die Aufschrift „Bericht des Boten N. N."
die genaue Bezeichnung der Rechts-Angelegenheit, als

Mandats- (Summarischer- oder Bagatell-) Prozeß,

mit Anführung der Namen, des Gewerbes, Charakters und des Wohnorts der Parteien;
und das Aktenzeichen.

2) im Kontext:

das Datum der Verfügung,
den Inhalt des Auftrags
und wie er ausgerichtet worden, namentlich:

ob sich der Bote in Person an Ort und Stelle begeben, mit Angabe des Tages und der Stunde, wenn er dort angekommen ist,

ob er den in der Adresse Bezeichneten anwesend gefunden oder nicht, ob er ihm die Verfügung selbst eingehändigt, und ob derselbe den Empfang eigenhändig bescheinigt oder durch wen? habe bescheinigen lassen; wenn er ihn nicht persönlich angetroffen, an wen? er die Insinuation bewirkt habe, und in welchem Verhältniß der Letztere zu dem in der Adresse Bezeichneten stehe;

endlich, wenn er niemanden angetroffen hat, an den er die Insinuation hätte bewirken können, oder wenn die Annahme verweigert worden, — wie er durch Anheften der Verfügung an die Thür der Wohnung, dem Auftrage genügt habe.

Es ist darauf zu halten, daß die Gerichtsboten diese Anweisungen stets vollständig und genau befolgen. Wenn in einem einzelnen Falle ein Zweifel obwaltet: ob die Insinuation an die bestimmte Person wirklich gesetzmäßig erfolgt sei, so haben die Gerichte die Insinuation sofort auf Kosten des Boten wiederholen zu lassen.

§. 3.

Gegen diesen Befehl sind nur solche Einwendungen zulässig, welche sofort durch Urkunden, Eideszuschiebung, oder solche Zeugen, deren unverzüglicher Abhörung kein Hinderniß entgegensteht, liquid gemacht werden können.

Bringt der Verklagte dergleichen Einreden vor, so sind beide Parteien und die vom Verklagten benannten Zeugen, zur mündlichen Verhandlung der Sache nach Vorschrift des §. 18. u. ff. vorzuladen.

Findet der Richter den Einwand erheblich und bewiesen, so wird auf Zurücknahme des Mandats erkannt. Wenn dagegen appellirt wird, so muß bis zur rechtskräftigen Entscheidung die Exekution suspendirt bleiben.

Wird der Einwand unerheblich oder unerwiesen befunden, so wird auf Vollstreckung des Mandats erkannt und die Appellation gegen ein solches Urtheil kann die Exekution nicht aufhalten.

In beiden Fällen bleibt dem unterliegenden Theile die Verfolgung seiner Ansprüche im besonderen Prozesse vorbehalten.

Eine Rekonvention, in so weit sie sich nicht zu einer Kompensations-Einrede eignet, hat nur die Begründung des Gerichtsstandes zur Folge.

(Zum §. 3.)

§. 11. Da zur Aufnahme der Einwendungen gegen ein erlassenes Mandat kein Termin anberaumt werden soll, so hat ein jedes Gericht solche Einrichtungen zu treffen, daß eine Partei ihre Einwendungen bei einem dazu ernannten Beamten oder Wochen-Deputirten täglich anbringen kann.

An wen sich der Schuldner in diesem Falle wenden könne, ist in dem Mandat ausdrücklich zu bemerken.

§. 12. Es ist dafür zu sorgen, daß die zum Protokoll erklärten, oder schriftlich eingereichten Einwendungen dem Decernenten sofort zugestellt werden.

§. 13. Die gegen ein Mandat erhobenen Einwendungen werden, je nachdem der Gegenstand derselben 50 Thaler übersteigt oder nicht, im summarischen- oder Bagatell-Prozesse erörtert. Das Verfahren darüber bleibt zwar bei dem Gericht, welches das Mandat erlassen hat, weil die Sache einmal rechtsanhängig geworden ist, es wird dasselbe jedoch von dem Kommissarius oder der Deputation eingeleitet, welchen die Verhandlung im Bagatell oder im summarischen Prozesse gebührt. (§. 22. dieser Instruktion.)

§. 14. In dem über die Einwendungen zu erlassenden Erkenntnisse kann nur

auf Zurücknahme des Mandats, oder
auf Vollstreckung der Exekution,

erkannt werden.

In beiden Fällen wird das Erkenntniß zur Ausführung gebracht. Die dagegen erhobene Appellation hat nur Devolutiv-Effekt. — Außerdem bleibt der unterliegenden Partei, nach der Analogie der §. 13. Tit. 28. und §. 52. und folgende Tit. 27., die Verfolgung ihres vermeintlichen Rechts zum besonderen Prozeß vorbehalten.

1) **Rescript** vom 3. August 1833, zur Erläuterung der Verordnung vom 1. Juni 1833 (extraktweise).

(Zu §. 3.) Zeugen, deren unverzüglicher Abhörung kein Hinderniß im Wege steht, sind solche:

die in dem, zur mündlichen Verhandlung anzusetzenden Termine zur Stelle gebracht werden können. Dazu muß sich also der Verklagte bei der Aufstellung seiner Einwendungen erboten haben.

Die Bestimmung ist aus §. 26. Tit. 27. der Prozeßordnung und §. 917. u. f. Tit. 8. Th. II. des A. L. R. entnommen.

Der §. 3 verordnet, daß die Zeugen zum Termine vorgeladen werden sollen, worin das mündliche Verfahren erfolgt.

Die Abhörung derselben im Mandatsprozesse, und zwar in dem Termine zur mündlichen Verhandlung selbst, ist eine Nachbildung des §. 27. Tit. 27. der Prozeßordnung. Die Abhörung erfolgt durch denjenigen, welcher die mündliche Verhandlung dirigirt, oder wenn er ein viertes Mitglied oder einen Referendarius zu seiner Disposition hat, dadurch, daß er diesen in der Sitzung mündlich zum Kommissarius Behufs der Abhörung ernennt, welcher die letztere sodann in einem Nebenzimmer besorgt, und bei seiner Rückkehr in die Sitzung, sobald er vom Dirigenten dazu aufgefordert wird, die Zeugenaussagen vorliest. Es wird alsdann weiter in der Hauptsache verfahren, gefragt, ob die Parteien noch etwas anzuführen haben, und endlich erkannt.

(v. K. Jahrb. Bd. 41. S. 459.)

2) **Rescript** vom 21. Juli 1835, betr. die Zulässigkeit rechtlicher Einwendungen im Mandats-Prozeß.

Dem Königl. Kammergerichte wird auf die Beschwerde des Justiz-Kommissarius S. als Mandatarius der Generalin von S. hierdurch eröffnet, daß der Justizminister die Zurückweisung der Klagebeantwortung in Sachen des Bankiers S. wider die Generalin von S. nicht gerechtfertigt finden kann. Denn wenn der §. 3. der Verordnung vom 1. Juni 1833 bestimmt, daß gegen die, im Mandats-Prozesse erlassenen Zahlungsbefehle nur solche Einwendungen zulässig sind, welche sofort durch Urkunden, Eideszuschiebung, oder solche Zeugen, deren unverzüglicher Abhörung kein Hinderniß entgegensteht, liquid gemacht werden können; so kann diese Vorschrift sich allerdings nur auf faktische Einwendungen beziehen, weil nur bei diesen von einem Beweise die Rede sein kann. Es ist aber damit keinesweges die Unzulässigkeit der, von dem Imploranten vorgebrachten rechtlichen Einreden ausgesprochen, weil über diese der Richter ohne weiteres Beweisverfahren entscheiden kann, durch die angeführte Vorschrift des §. 3. der Verordnung aber nur über die Art, wie der Implorant seine Einreden erweisen muß, hat entschieden werden sollen.

(Act. des Justizm. L. R. Nr. 35. Vol. 6. fol. 43 a.)

3) a. **Rescript** vom 7. Oktbr. 1833 (extraktweise), betr. die Zulässigkeit des Special-Moratorii im Mandats-Prozesse.

Die Vorschützung des Special-Moratoriums gegen ein erlassenes Mandat muß, wie jede andere Einrede nach §. 3 und 4. der Verordnung behandelt werden. — Von einer Sistirung der Exekution, wenn der Einwand unerheblich oder unerwiesen befunden wird, kann daher nicht die Rede sein.

(Act. des Justizm. L. R. Nr. 35. Vol. II. fol. 222.)

b. **Rescript** vom 30. Mai 1834, betr. die Zulässigkeit eines Moratorien-Gesuchs im Mandats-Prozesse.

Die von Ihnen Namens der unverehelichten S. wegen Zurückweisung ihres

Antrages auf Verstattung zum Special-Moratorium unterm 15. d. M. angebrachte Beschwerde kann der Justizminister nicht für begründet erachten.

Auch im Mandats-Prozesse müssen, da die Verordnung vom 1. Juni pr. hierüber nichts Besonderes bestimmt, bei den Verhandlungen über die Provokation auf das Special-Moratorium, die Vorschriften der A. G. O. Tit. 47. Th. I. zur Richtschnur dienen. In dem §. 9. daselbst ist bestimmt:

daß nach rechtskräftig entschiedener Hauptsache eine solche Provokation nur dann zulässig ist, wenn der Provokant zugleich nachweisen und bescheinigen kann, daß die Umstände, welche ihn zur Berufung auf diese Rechtswohlthat nöthigen und berechtigen, erst nach abgeurtelter Hauptsache entstanden sind.

Es kann daher nach dem Ablauf der in dem Mandat gesetzten Frist die Provokation auf das Special-Moratorium nur dann noch berücksichtigt werden, wenn der Provokant darzuthun vermag, daß die ihn dazu veranlassenden Thatsachen während des Laufs jener Frist nicht vorhanden gewesen sind. Diesen Nachweis zu führen aber hat Ihre Mandantin bisher keine Veranstaltung getroffen.

Daß dieselbe auch durch ihre angebliche Unkenntniß der Gesetze und durch ihre behauptete Krankheit vor den nachtheiligen Folgen ihrer Versäumniß nicht geschützt wird, darüber ist sie schon in der Verfügung des Königl. Justizamts N. vom 10. Februar und 28. März c. angemessener Weise bedeutet worden.

(Act. L. R. L. R. No. 35. Vol. 4. fol. 68a.)

4) **Rescript** vom 2. Novbr. 1835, betr. die Zulässigkeit der Litisdenunciation im Mandats-Prozesse.

Dem (Tit.) wird auf den Bericht vom 13. v. M. in der Prozeßsache des ehemaligen Aktuars Z. wider den Kossäth H. hierdurch eröffnet, wie der Justizminister der, in dem überreichten Rescripte vom 21. Septbr. c. näher entwickelten Ansicht des Oberlandesgerichts zu M. darin beitritt:

daß im Mandatsprozesse, sobald Einwendungen gegen das Mandat vom Beklagten erhoben werden, und zur Instruktion gestellt werden müssen, Litisdenunciationen statt finden können.

Bei erhobenen Einreden tritt nämlich zufolge des §. 3. der Verordnung vom 1. Juni und §. 13. der Instruktion vom 24. Juli 1833, jenachdem der Gegenstand der Klage 50 Thaler übersteigt oder nicht, der summarische oder Bagatellprozeß ein, und daß in diesem Verfahren Litisdenunciationen zulässig sind, ist in den §§. 55—57. der Verordnung ausdrücklich bestimmt. Ob der Verklagte ohne Gefahr, seinen Rechts-Anspruch zu verlieren, die Litisdenunciation unterlassen kann, hat er zu erwägen; das Gericht aber hat, wenn er auf Adcitation anträgt, keinen Grund, die Vorladung zu verweigern, und der Litisdenunciat selbst muß, wenn er überhaupt zur Vertretung verpflichtet ist, die Vertretung in jedem Prozeß, also auch auf Erfordern im Mandats-Prozeß übernehmen oder sich den Folgen der Unterlassung, z. B. jedenfalls in Betreff des Kostenpunkts, unterwerfen.

Dagegen kann eine Litisdenunciation allerdings früher, bevor gegen das Mandat Einwendungen vorgeschützt sind, und so lange es noch nicht feststeht, ob es zu einer Instruktion kommen wird, nicht vorkommen. Denn einestheils hat die Erlassung eines Mandats nur dann einen Prozeß zur Folge, wenn der Verklagte gegründete Einwendungen zu machen hat, und eine Entscheidung darüber verlangt, (Einleitung zur Instruktion vom 24. Juli 1833.) anderntheils ist der Zweck jeder Litisdenunciation nach §. 2. Tit. 17. Thl. I. der A. G. O. nur darauf gerichtet, daß der Litisdenunciat demjenigen, welcher auf seine Beiladung angetragen hat, in Ausführung und Vertheidigung seiner Gerechtsame bei Instruktion des Prozesses beisteht.

(Act. des Justizm. L. R. No. 35. Vol. 6. fol. 111.)

5) **Rescript** vom 24. Oktbr. 1834 und 30. Januar 1837, betr. die Zurückweisung der im Mandats-Prozesse angebrachten, nicht geeigneten Einwendungen per decretum.

Auf die von Ihnen, in der Mandats-Prozeßsache des N. N. wider Sie, unterm 11. d. M. eingereichte Beschwerde wird Ihnen, bei Rücksendung der Anlagen, Folgendes hiermit eröffnet:

Die Fassung des 2ten Satzes des §. 3. der Verordnung vom 1. Juni v. J. (über den Mandats-, den summarischen und den Bagatell-Prozeß) und namentlich der darin beziehungsweise gebrauchte Ausdruck: „dergleichen Einreden" ergiebt, daß im Mandats-Prozeß das durch die §§. 18. folg. u. a. O. vorgeschriebene Verfahren nur dann eintreten soll, wenn der Verklagte Einwendungen der im Eingange des §. 3. gedachten Art, also solche entgegengesetzt, welche sofort durch Urkunden,

Eideszuschiebung oder Zeugen, deren unverzüglicher Abhörung kein Hinderniß entgegensteht, liquide gemacht werden können. Hiernach leidet es kein Bedenken, daß der Richter Einreden, welchen diese Eigenschaft fehlt, ohne Weiteres durch Dekret zurückweisen darf.

Berlin, den 24. Oktbr. 1834.

Dem (Titel) wird auf die Anfrage vom 14. d. M.

die Auslegung des §. 3. der Verordnung über den Mandats-, den summarischen und Bagatellprozeß vom 1. Juni 1833 betreffend,

hierdurch eröffnet, daß der Justizminister der Ansicht der Majorität des Kollegiums beitritt, der zufolge Einwendungen, die der Verklagte im Mandats-Prozeß zeitig vorbringt, nicht aus dem Grunde, weil sie unerheblich sind, per decretum zurückgewiesen werden dürfen, vielmehr darüber erkannt werden müsse.

Die Fassung des 2ten Satzes des §. 3. der Verordnung vom 1. Juni 1833 und namentlich der darin beziehungsweise gebrauchte Ausdruck „dergleichen Einreden" ergiebt zwar, daß im Mandats-Prozeß das, durch die §§. 18 ff. vorgeschriebene Verfahren nur dann eintreten soll, wenn der Verklagte Einwendungen der im Eingange des §. 3. gedachten Art entgegensetzt, so daß also Einreden, welche nicht diese Eigenschaft haben, welche also nicht sofort durch Urkunden, Eideszuschiebung oder Zeugen, deren unverzüglicher Abhörung kein Hinderniß entgegensteht, liquid gemacht werden können, unzulässig sind, und unbedenklich ohne Weiteres durch Dekret zurückgewiesen werden müssen; dies ist auch in dem Rescripte vom 30. und 23. Septbr. 1833 (Jahrb. Bd. 43. S. 400 und 401) anerkannt. Dagegen kann über die Unerheblichkeit an sich zulässiger Einreden nach §. 3. (dritter und vierter Satz) nur der erkennende Richter urtheilen.

Berlin, den 30. Januar 1837.

(Act. des Justizm. L. R. Nr. 35. Vol. 5. fol. 15[a]. Vol. 8. fol. 15d.)

6) **Rescript** vom 4. Januar und 8. April 1836, betr. das Forum des dem Verklagten im Mandatsprozesse nach §. 3. und 4. der Verordnung freistehenden besonderen Prozesses.

Dem (Titel) wird hierbei die Beschwerde der verwittweten Hauptmann v. F. in ihrer Rechtssache wider den Oberinspektor G. vom 21. v. M. nebst Anlage mit dem Eröffnen zugefertigt,

daß der Justizminister solche, soweit sie sich aus der Vorstellung beurtheilen läßt, für gegründet erachtet.

Nach §. 14. der Instruktion vom 22. Juli 1833 ist der im Mandats-Prozeß unterliegenden Partei die Verfolgung ihres vermeintlichen Rechts, und zwar nach Analogie des §. 13. Tit. 28 und §§. 52. und folgende, Tit. 27. der Prozeßordnung zum besondern Prozesse vorbehalten. Nach §. 53. Tit. 27. a. a. O. gehört die Separat-Instruktion in der Regel allemal vor denjenigen Richter, welcher in der Wechselsache erkannt hat, selbst wenn der Wechselkläger einen andern ordentlichen Gerichtsstand hätte. Eine der im §. 53. angegebenen Ausnahmen liegt hier nicht vor, es sind daher die abweisenden Verfügungen des Kollegiums vom 20. Novbr. und 11. Dezbr. v. J. nicht gerechtfertigt.

Das (Titel) hat hiernach das Separat-Verfahren einzuleiten, oder wenn andere Bedenken obwalten, darüber zu berichten. Berlin, den 4. Januar 1836.

Dem (Tit.) wird auf die Anfrage vom 8. v. M.

wegen Behandlung der gegen ein, im Wege des Mandats-Prozesses erlassenes Mandat vorgebrachten Einwendungen,

hierdurch eröffnet, wie der Justizminister mit dem Kollegium darin einverstanden ist, daß die nach Ablauf der im Mandate verstatteten Frist vorgebrachten Einwendungen in dem Gerichtsstande des Mandatsklägers geltend gemacht werden müssen, und dem Verklagten zu überlassen ist, diese Einwendungen im besondern Prozesse nach Maaßgabe des Rescripts vom 3. August 1833 als Kläger zu verfolgen.

Dagegen ist das Verfahren wegen der in der gesetzten Frist vorgebrachten, aber in dem Mandats-Prozesse als illiquid oder unerwiesen zurückgewiesenen Einreden durch die Vorschriften §. 3. der Verordnung vom 1. Juni und §. 14. der Instruktion vom 24. Juli 1833 geregelt. Dadurch sind insbesondere die Vorschriften der §§. 52. ff. Tit. 27. der Prozeßordnung für anwendbar erklärt, und nach diesen ist das Separatverfahren nicht nur sofort einzuleiten, sondern es gehört solches auch vor den Richter des Mandats-Prozesses, und es können bei dieser Separat-Instruktion auch andere Einwendungen, welche im Mandatsverfahren nicht ausdrücklich vorgebracht worden, ausgeführt werden. Diese Vorschrift des §. 14. der Instruktion hat daher auch das (Titel) zu beachten.

Berlin, den 8. April 1836.

(Act. des Justizm. L. R. No. 35. Vol. 7. fol. 2 und 82.)

§. 4.

Einreden, welche nach Ablauf der im Mandate festgesetzten Frist vorgebracht worden, sollen die Exekution des Mandats nicht aufhalten, vielmehr mittelst einfacher Verfügung zum Separatverfahren im geeigneten Wege des Prozesses verwiesen werden.

(Zum §. 4.)

§. 15. Diese Vorschrift bezieht sich nur auf solche Einreden, welche innerhalb der im Mandat bestimmten Frist haben angebracht werden können. Sind die bei der Exekutions-Vollstreckung nach §. 36. Tit. 24. der Prozeß-Ordnung noch zulässigen Einreden erst nach Ablauf jener Frist entstanden, oder eingetreten, so müssen dieselben noch zugelassen und nach §. 3. der Verordnung behandelt werden.

1) **Rescript** vom 3. August 1833, zur Erläuterung der Verordnung vom 1. Juni 1833 (extraktweise.)

(Zu §. 4.) Das Mandat erlangt die Wirkung eines Judikats, wenn in der bestimmten Frist keine Einwendungen angebracht worden sind, und muß dann wie jedes andere Urtel exequirt werden. Werden später noch Einwendungen aufgestellt, welche binnen der bestimmten Frist hätten angebracht werden sollen, so sind sie zum Separatprozeß zu verweisen.

Der ursprünglich Verklagte muß nur als Kläger auftreten und auf Erstattung des bereits Gezahlten klagen, oder auf Befreiung von der ihm auferlegten Verbindlichkeit, wenn er noch nicht gezahlt hat. Es versteht sich von selbst, daß dadurch die Vollstreckung des Mandats nicht aufgehalten wird. Sind Gründe zum Arrestschlage vorhanden, so ist in einem solchen Falle die Deposition zu gestatten.

(v. K. Jahrb. Bd. 41. S. 459.)

2) **Rescript** vom 4. Januar und 8. April 1836, betr. das Forum des dem Verklagten im Mandatsprozesse freistehenden besondern Prozesses; s. zu §. 3. der Verordnung Nr. 6.

§. 5.

Beschwerden darüber, daß der Mandatsprozeß zur Ungebühr verweigert worden, sind im Wege des Rekurses an die dem Richter vorgesetzte Instanz zu erledigen.

Rescript vom 9. Septbr. 1833, betr. die Behörde, bei welcher nach vorbemerktem §. der Rekurs anzubringen ist.

Das (Tit.) findet nach dem Berichte vom 2. d. M. in der Anweisung des Rescripts vom 20. August d. J.

wonach über den Rekurs gegen Verfügungen, die den Mandats- oder Bagatell-Prozeß abschlagen, die vorgesetzte Behörde entscheiden soll, welche in appellatorio zu erkennen haben würde,

Bedenken, weil

1) es an einer richterlichen Entscheidung erster Instanz fehle, und
2) weil für das hierbei zu beobachtende Verfahren keine speziellen Vorschriften gegeben seien.

Diese Bedenken sind indeß unerheblich, denn

zu 1. ist nicht abzusehen, weshalb der Appellationsrichter nicht auch über Verfügungen des Richters erster Instanz ebenso wie über die in Form eines Erkenntnisses abgefaßten Beschlüsse, entscheiden sollte.

Das Gesetz läßt den Rekurs zu. Hätte es hierunter bloß das Recht der Aufsichtsbehörde, den untergeordneten Gerichten Anweisungen zu ertheilen, verstanden, so würde es etwas Ueberflüssiges bestimmt haben. Es ordnet aber ein Rechtsmittel an, nennt dies Rechtsmittel Rekurs, und die Behörde, die darüber entscheidet, „Instanz."

Zu 2. ergiebt sich das Verfahren von selbst, eben weil nichts darüber vorgeschrieben ist. Der Appellationsrichter hat nur zu prüfen, ob die den Mandats- oder Bagatell-Prozeß abschlagende Verfügung gesetzlich begründet ist, oder nicht, und entscheidet hierüber nach Einsicht der Verhandlungen durch eine Resolution. Ein weiteres Verfahren kann hierüber natürlich nicht statt finden, und die Zuziehung des Gegentheils fällt weg, weil dieser auch vor der Bescheidung des Richters erster Instanz nicht gehört worden ist. Die Allerh. Cab.-Ordre vom 8. August 1832 ist in dem Rescripte vom 20. August d. J. nur allegirt, um zu bezeichnen, daß das Gesetz unter Rekurs ein Rechtsmittel versteht, nicht um anzudeuten, daß auch dasselbe Verfahren statt finde.

Hiernach, und da der Justizminister es jedenfalls auch zweckmässig findet, die Entscheidung über Beschwerden wegen verweigerter Einleitung des Mandats- und Bagatellprozesses der Instanz, welche in appellatorio zu erkennen haben würde, zu übertragen, hat das (Tit.) der Anweisung in dem Rescripte vom 20. August d. J. gemäß, zu verfahren.

(Act. des Justizm. L. R. Nr. 35. Vol. I. fol. 105.)

Zweiter Titel.

Vom summarischen Prozesse.

§. 6.

Der summarische Prozeß, insofern die Sache sich nicht zum Mandats-Prozeß eignet, findet statt:

1) in allen Fällen, in denen nach den bisherigen Vorschriften der Exekutiv-Prozeß eintrat;

2) aus Urkunden über zweiseitige Geschäfte, welche im Inlande:
   - entweder in Form öffentlicher Urkunden ausgestellt,
   - oder von einer öffentlichen Behörde in eigner Angelegenheit ausgefertigt,
   - oder mit gerichtlicher oder notarieller Beglaubigung der Unterschrift versehen sind;

3) aus Privaturkunden über Darlehns-, Verwahrungs- und Leihverträge, über Kauf-, Tausch-, Lieferungs- und Miethsverträge, über versprochene Pensionen, Besoldungen, Alimente, Renten und alle zu bestimmten Zeiten wiederkehrende Leistungen;

4) wegen Forderungen:
   - der Fabrikunternehmer, Kaufleute, Krämer, Künstler und Handwerker für Arbeiten und gelieferte Waaren, so wie für Vorschüsse an ihre Arbeiter;
   - der Medizinalpersonen für ihre Besuche, Operationen und Arzneimittel;

der öffentlichen und privat Schul- und Erziehungs-Anstalten für den Unterhalt, den Unterricht und die Erziehung;
der öffentlichen und privat Lehrer hinsichtlich des Honorars;
der Lehrherren hinsichtlich des Lehrgeldes;
der Haus- und Wirthschafts-Offizianten und des Gesindes an Gehalt und Lohn;
der Tagelöhner und anderer gemeiner Handarbeiter hinsichtlich ihres Lohnes;
der Fuhrleute und Schiffer hinsichtlich des Fuhr- und Frachtgeldes;
der Gast- und Speisewirthe für die von ihnen gegebene Wohnung und den gelieferten Unterhalt;

5) wegen Injurien, insoweit sie sich nicht zum Untersuchungsverfahren eignen.

(Summarischer Prozeß, zum §. 6. und 7.)

§. 16. In diesem §. sind die Prozeß-Gegenstände enthalten, welche sich zum summarischen Verfahren eignen. Eine ängstliche Prüfung derselben ist nicht nothwendig, da im §. 7. dem Ermessen des Richters überlassen worden ist, welche andere Gegenstände er noch zu dieser Prozeß-Form verweisen zu dürfen glaubt. Zur Erledigung eines bereits zur Sprache gebrachten Bedenkens wird jedoch bestimmt:

Zu §. 6. Nr. 4.
daß der summarische Prozeß auch wegen Lohn-Forderung der Fabrik-Arbeiter und Handwerks-Gesellen einzuleiten ist.

Zu §. 6. Nr. 5. aber wird hiermit verordnet:
daß die Injurien-Sachen an allen Orten, wo dieselben bisher einzelnen richterlichen Beamten zur Instruktion und Entscheidung übertragen waren, oder noch übertragen werden, insbesondere bei allen Untergerichten, nach dem 2ten Abschnitt des 2ten Titels zu behandeln, und daß in allen Fällen wegen der, gegen das Erkenntniß einzuwendenden Rechtsmittel die Vorschriften der §§. 217—237. des Anh. zur A. G. O. zu beobachten sind.

1) **Rescript** vom 3. August 1833, zur Erläuterung der Verordnung vom 1. Juni 1833 (extraktweise.)

(Zu §. 6. Nr. 4.) Die meisten dieser Sachen sind einfach und werden sich, einzeln genommen, im Durchschnitt in einer Viertelstunde erledigen lassen. Darum sind sie als Regel zum summarischen Verfahren verwiesen.
(v. K. Jahrb. Bd. 41. S. 459.)

2) **C. O.** vom 17. Oktbr. 1833 Nr. 3., daß unter den §. 6. Nr. 4. gedachten Forderungen der Handwerker gegenseitige Forderungen der Meister, Gesellen und Lehrlinge begriffen sind; s. oben zu §. 1. Nr. 1. und 2.

3) **C. O.** vom 19. Juni 1836, betr. die Einziehung der Kirchen-, Pfarr- und Schulabgaben, ingleichen die Forderungen der Medicinal-Personen: s. zu §. 1. Nr. 4.

§. 7.

Den Gerichten steht in jeder Lage des Prozesses die Befugniß zu, wenn sie finden, daß eine der im §. 6. gedachten

Sachen zur Verhandlung und Entscheidung im Wege des summarischen Prozesses sich nicht eignet, dieselbe zum ordentlichen Prozeßverfahren zu verweisen, so wie auf den übereinstimmenden Antrag der Parteien außer den vorerwähnten Klagesachen auch andere Rechtsstreitigkeiten im summarischen Prozesse zu verhandeln. Gegen diese Verfügung findet kein Rekurs statt.

Die Mandatare bedürfen zu einem solchen Antrage keiner Spezial-Vollmacht.

S. Zusatz zum vorigen §.

1) **Reseript** vom 24. April 1836, betr. die Befugniß der Deputation, eine vom Kollegium zum summarischen Prozeß verwiesene Sache zum ordentlichen Prozeß zurückzuweisen.

Dem (Tit.) wird bei abschriftlicher Mittheilung der Anfrage des Kreis-Justizraths R. vom 5. d. M,

betreffend die Auslegung einiger Stellen der Verordnung vom 1. Juni 1833, hierdurch Folgendes eröffnet:

1. Die Prüfung über die Zulässigkeit der Klage gehört, wie aus §§. 1. und 2. der Instruktion vom 24. Juli 1833 und dem Rescript vom 30. August 1833 (Jhrb. Bd. 43. S. 430.) hervorgeht, vor das Kollegium und nicht vor die Deputation. Ist daher einmal die Einleitung der Sache im summarischen Prozeß vom Kollegium verfügt, und demzufolge die Klage an die Deputation zur Verhandlung und Entscheidung des summarischen Prozesses abgegeben, so kann diese die Einleitung nicht versagen, sondern erst alsdann nach §. 7. der Verordnung vom 1. Juni 1833 zum ordentlichen Prozeßverfahren verweisen, wenn sie bei der weitern Verhandlung der Sache nach aufgenommener Klagebeantwortung findet, daß sich dieselbe für den summarischen Prozeß nicht eigne. (Act. des Justizm. L. R. Nr. 35. Vol. 7. fol. 99.)

2) **Reseript** vom 3. April 1837, betr. die Einleitung des summarischen Prozesses in andern, als den §. 6. der Verordnung bestimmten Sachen auf Antrag des Klägers.

Dem (Tit.) wird auf den Bericht vom 4. v. M. bei Rücksendung der Akten in Sachen der unverehelichten B. wider den Knecht L. hierdurch eröffnet, daß gegen die Auslegung, welche das Oberlandesgericht zu Königsberg in der abschriftlich überreichten Bescheidung vom 20. Dezbr. v. J. der Bestimmung im §. 7. der Verordnung vom 1. Juni 1833 und §. 16. der Instruktion vom 24. Juli desselben Jahres giebt, sich im Allgemeinen nichts erinnern läßt.

Unbedenklich steht es aber dem Richter frei, auch jede andere, als die im § 6. der Verordnung benannten Sachen, und also auch Schwängerungsklagen, auf den einseitigen Antrag des Klägers im summarischen Prozeß einzuleiten. Er muß dann nur den Verklagten in der Vorladung oder im ersten Termine ausdrücklich auffordern, sich zu erklären, ob er etwas dagegen zu erinnern habe, damit, wenn er nichts einwendet, sein Einverständniß, wie es §. 7. der Verordnung voraussetzt, angenommen werden kann.

Im vorliegenden Falle hat das Land- und Stadtgericht zu B. als erkennende Behörde nur darin gefehlt, daß es sich bei Abfassung des Erkenntnisses noch auf eine Beurtheilung der Zulässigkeit der Prozeßart, wogegen kein Theil etwas erinnert hatte, eingelassen, und noch im Erkenntnisse die Sache zum ordentlichen Prozesse verwiesen hat, obgleich die Sache spruchreif war, und es daher nur darauf ankam, das Erkenntniß nach Lage der Akten abzufassen.

(Act. des Justizm. L. R. Nr. 35. Vol. 8. fol. 39.)

Erster Abschnitt.

Vom Verfahren bei Gerichten, welche ein Kollegium bilden.

Zum ersten Abschnitt.

§. 17. Bei Gerichten, welche ein Kollegium bilden, soll nach §. 73. in erster Instanz eine Deputation von drei Mitgliedern genügen.

Ueber die Bildung dieser Deputation wird folgendes bestimmt:

Bei den Obergerichten hat der Präsident, und wo mehrere Senate angeordnet sind, der betreffende Senats-Präsident, bei den Untergerichten der Dirigent derselben für die Bildung der Deputation zu sorgen.

Sie ernennen die Mitglieder derselben für sechs Monate, und wählen dazu vorzugsweise solche Mitglieder des Gerichts, welche sie einerseits nicht mit Bearbeitung wichtiger Decernate beschäftigen müssen, und welche andererseits sich durch eine größere Leichtigkeit im Auffassen von mündlichen Vorträgen auszeichnen.

Die erste Ernennung erfolgt für die 8 Monate vom 1. Oktbr. d. J. bis zum 1. Juni künftigen Jahres.

Es steht dem Präsidenten oder Dirigenten frei, so oft er will, selbst den Vorsitz zu übernehmen.

Der Justizminister behält sich nöthigenfalls die Ernennung der Mitglieder dieser Deputationen selbst vor.

§. 18. Die Vorsitzenden der Deputationen, welche Uebung und Geschick in dieser Art der Amtsthätigkeit erlangt haben, sind nach Ablauf der Frist in der Regel wieder zu wählen, es ist aber auch nicht außer Acht zu lassen, daß es nothwendig ist, keinem, zumal der jüngeren Mitglieder, diese Gelegenheit zu seiner Ausbildung und künftigen Beförderung ganz zu entziehen.

§. 19. An großen Orten oder beim Zusammenfluß vieler Geschäfte müssen mehrere Deputationen gebildet, und zur Verhütung widersprechender Erkenntnisse die Rechtssachen nach Gattungen unter sie vertheilt werden.

§. 20. Jede Deputation muß mindestens zweimal in jeder Woche Sitzung halten.

Die Mitglieder derselben können als Deputirte und Referenten in diesen summarischen Prozessen, außerdem aber auch als Kommissarien in Injuriensachen nach dem 2ten Abschn. dieses Titels, oder in Bagatellsachen nach dem 3ten Abschn. beschäftigt werden, sonst sind sie mit andern Arbeiten möglichst zu verschonen.

(Lokal.)

§. 21. Das Lokal für die Sitzungen dieser Deputationen ist so einzurichten, daß der Sessionstisch, an welchem die Richter und der Referent ihre Sitze einnehmen, von den Sitzen der übrigen Gerichtsbeamten und der Parteien durch Schranken gesondert wird, und der dadurch abgeschlossene Theil des Sitzungs-Saales eine erhöhte Lage erhält. Den Parteien und ihren Bevollmächtigten sind die ersten Plätze zunächst den Schranken einzuräumen.

§. 8.

Erste Instanz.

Findet das Gericht die Klage vollständig und begründet, so ist der Verklagte, unter schriftlicher Mittheilung derselben und ihrer Anlagen, mit Androhung der in den §§. 12 und 14 der gegenwärtigen Verordnung bestimmten Nachtheile, vor einen Deputirten des Gerichts zur Klagebeantwortung vorzuladen.

§. 22. Dem Vorsitzenden der Deputation wird, wenn der summarische Prozeß verfügt worden, die Klage, und wenn ein Mandat vorausgegangen ist, die Exceptionsschrift des Verklagten zugestellt.

Ihm gebührt ausschließlich

1) die Ernennung des Deputirten, und die Fristbestimmung für den Termin zur Klagebeantwortung, mit Rücksicht auf §. 9. der Verordnung.
2) die Verfügung auf das Gesuch um Verlegung des anstehenden, und die Bestimmung des neuen Termins.
3) die Verfügung wegen des mündlichen Verfahrens und die Anberaumung des Termins.
4) die Leitung der mündlichen Verhandlung selbst, die Handhabung der öffentlichen Ordnung, und die Publikation der Entscheidungen.

§. 9.

Der Termin wird dergestalt anberaumt, daß dem Verklagten eine Frist von 14 Tagen, von dem Tage der Insinuation an gerechnet, zur Vorbereitung seiner Einlassung frei bleibt.

Wohnt der Verklagte nicht am Sitze des Gerichts, so ist die Frist nach Verhältniß der Entfernung seines Wohnorts vom Sitze des Gerichts, zu verlängern.

In besonders schleunigen Sachen kann die Frist auch kürzer bestimmt werden.

§. 10.

Der Kläger wird zu dem Termine unter der Verwarnung mitvorgeladen, daß bei seinem Ausbleiben die Akten auf seine Kosten reponirt werden.

1) **Rescript** vom 3. August 1833, zur Erläuterung der Verordnung vom 1. Juni 1833. (extraktweise.)

(Zu §. 9. und folgd.) Die dem Verklagten zu gestattende Frist wird, so wenig wie bisher, in der Vorladung bezeichnet, der Tag des Termins wird darin bestimmt. Der §. 9. dient dem Dirigenten zur Norm, um danach den Termin zu ermessen. Eine Nullität und eine Restitution ist dabei nicht verordnet.

Es ist zwar nicht als eine gesetzliche Hinderungssache (§. 11.) anzusehen, wenn bei der Insinuation der Vorladung nicht die volle Frist beobachtet ist. Der Dirigent würde sich aber einem gegründeten Tadel aussetzen, wenn er dabei nicht aufmerksam verfahren sollte, und es bleibt jedenfalls dem vernünftigen Ermessen des Letztern überlassen, das Versehen durch die Anberaumung eines neuen Termins wieder gut zu machen.

(v. K. Jahrb. Bd. 41. S. 459.)

2) **Rescript** vom 17. Decbr. 1833 nebst Anlage, betr. die Anberaumung und Verlegung der Termine in Sachen wider den Fiskus.

Dem Königl. (Titel) wird die von Seiten der Herren Minister des Innern und der Finanzen

wegen Berücksichtigung der Vorschrift des §. 18. Tit. 35. Thl I. der A. G. O. bei Anberaumung der Termine und Festsetzung der Fristen in summarischen Prozessen gegen den Fiskus

unterm 4. d. M. an die betreffenden Königl. Verwaltungs-Behörden erlassene Zirkular-Verfügung hierbei abschriftlich zur Berücksichtigung und Nachachtung mit der Anweisung mitgetheilt, auch die Untergerichte im Bezirk des Kollegiums demgemäß zu instruiren.

Berlin, den 17. Dezbr. 1833.

Der Königl. Regierung ertheilen wir auf Ihren Bericht vom 20. Juli d. J., nach der aus dessen Veranlassung mit dem Herrn Justizminister Mühler Excellenz gepflogenen Korrespondenz im Einverständniß desselben zur Antwort, daß die Vorschrift der A. G. O. Thl. I. Tit. 35. §. 18.

wonach bei Anberaumung der Termine in Prozessen gegen den Fiskus auf die Verfassung der Behörden und deren Geschäftsgang Rücksicht genommen werden soll,

in Bezug auf den summarischen Prozeß durch den §. 9. der Verordnung vom 1. Juni d. J., da dieser §. keine Ausnahme macht und die angeführte Vorschrift nur eine Anwendung der allgemeinen Bestimmung im §. 2. Tit. 8. Thl. I. der A. G. O. enthält, zwar für aufgehoben anzusehen, es dagegen für eine bescheinigte Hinderungsursache, auf deren Grund eine angemessene Termins-Prorogation nach §. 11. der allegirten Verordnung nicht versagt werden kann, zu erachten ist, wenn nach der Verfassung der Behörden und deren Geschäftsgang die Einlassung auf die Klage, Litis-Denunciation u. s. w. Seitens des Fiskus nicht innerhalb der verordneten vierzehntägigen Frist erfolgen kann.

Zur Abwendung des Kontumazial-Verfahrens ist demnach in Fällen, in denen nicht binnen der gedachten Frist auf die Klage u. s. w. die vollständige Einlassung statt finden kann, sogleich nach erfolgter Insinuation von der Behörde die Terminsverlegung bei den Gerichten nachzusuchen und dabei anzuzeigen, binnen welcher Zeit sie nach der Dienstverfassung im Stande sein werde, die Klage u. s. w. zu beantworten. Die Gerichte werden von dem genannten Herrn Justiz-Minister angewiesen werden, sich hiernach bei Anberaumung des anderweitigen Termins zu achten, auch bei Ermessung der nach §. 2 der obigen Verordnung auf Mandatsklagen gegen den Fiskus zu bestimmenden Frist von 8 Tagen bis zu 6 Wochen auf die Verfassung der Behörden und deren Geschäftsgang die erforderliche Rücksicht zu nehmen.

Die Königliche Regierung hat diesemgemäß nicht nur selbst zu verfahren, sondern auch die Unterbehörden danach mit Anweisung zu versehen.

Berlin, den 4. Dezember 1833.

3) **Rescript** vom 12. Mai 1834, betreffend die Zulässigkeit der Termine in summarischen Prozessen während der Gerichtsferien.

Es ist unbedenklich, die Sachen, welche im Mandats- und summarischen Prozeß behandelt werden, aus den von dem Königlichen Stadtgerichte im Bericht vom 22. v. M. angeführten Gründen zu den Sachen zu zählen, bei welchen Gefahr im Verzuge obwaltet, und sie daher zu den im §. 53. Tit. 1. Thl. III. der A. G. O. angeführten Ausnahmen von der Regel des §. 52. zu rechnen.

(v. K. Jhrb. Bd. 43. S. 537.)

4) **Rescript** vom 30. März 1835, betreffend die Anberaumung des Termins auf einen Sabbath, wenn die Partei jüdischen Glaubens ist; s. zu §. 11. der Verordnung.

§. 23. Die Vorladungen der Parteien zum Klage-Beantwortungs-Termine müssen in nachstehender Art abgefaßt werden:

A. Vorladung des Verklagten. Sie muß enthalten:

1) in einer Seiten-Rubrik:
   die Aufschrift: Vorladung des Verklagten zur Klagebeantwortung,
   die genaue Bezeichnung des Prozesses mit Anführung des Namens, des Gewerbes, Charakters und Wohnorts der Parteien, des Streit-Gegenstandes und des Aktenzeichens.

2) im Kontext:
   a. die Mittheilung der Klage und die Bestimmung des zur Klagebeantwortung anberaumten Termins,
   b. die Aufforderung in Person zu erscheinen, oder durch einen Bevollmächtigten aus der Zahl der Justiz-Kommissarien die Klage vollständig zu beantworten, die Beweismittel bestimmt anzugeben, die Urkunden im Original, oder Abschrift einzureichen, die etwa erforderlichen Editionsgesuche anzubringen, mit dem Bemerken, daß später auf neue Einreden, welche auf Thatsachen beruhen, im Laufe der Instanz keine weitere Rücksicht genommen werden würde; die Bedeutung, daß der Stellvertreter den erhaltenen Auftrag im Termin selbst nachzuweisen habe, weil der Gegentheil nicht schuldig ist, sich mit einem unlegitimirten Stellvertreter einzulassen,

(§. 2. Nr. 5. Tit. 16. der Prozeß-Ordnung)
auf den Antrag des Gegners also angenommen werden würde, als ob Niemand für ihn erschienen sei und daß er die Klagebeantwortung schriftlich in zwei Exemplaren zu überreichen habe. (§. 70. der Verordnung.)

d. die Androhung:
daß, wenn er nicht erscheine, oder sich nicht vollständig auf die Klage erkläre, wenn der Stellvertreter den Auftrag nicht nachzuweisen vermag, oder die Klagebeantwortung nicht schriftlich überreicht, in contumaciam werde verfahren, die in der Klage angeführten Thatsachen und die Urkunden, worüber er sich nicht erklärt hat, für zugestanden und anerkannt werden geachtet, und was den Rechten nach daraus folgt, im Erkenntnisse gegen ihn ausgesprochen werden solle.

Endlich ist
e. ausdrücklich zu bemerken, daß eine Verlegung des Termins ohne Zustimmung des Gegners nur einmal, und auch in diesem Falle nur dann statt finde, wenn die Hinderungs-Ursachen bescheinigt sind.

B. Die Vorladung des Klägers muß enthalten:
1) in einer Seiten-Rubrik
die Aufschrift: „Vorladung des Klägers zum Klagebeantwortungs-Termine"
außerdem,
alles, was bei der Vorladung eines Verklagten bemerkt ist,
2) im Kontext:
a. die Bestimmung des Termins,
b. die Aufforderung des Klägers darin in Person zu erscheinen, oder durch einen mit Vollmacht zu versehenden Stellvertreter aus der Zahl der Justiz-Kommissarien, die Beantwortung und den Versuch der Sühne zu gewärtigen,
c. sich demnächst zu erklären, ob die Akten ohne weiteres zum Spruch vorgelegt werden können, oder die fernere Verhandlung eingeleitet werden solle,
und d. die Androhung: daß wenn Kläger nicht erscheine, oder sein Stellvertreter sich nicht legitimiren könne, die Akten auf seine Kosten werden reponirt werden, wofern nicht der Verklagte die Forderung einräumen sollte. (§. 13. der Verordnung.)

1) **C. O.** vom 17. Oktober 1834, ad 4., wonach den Vorladungen an die Parteien die Verwarnung hinzuzufügen ist, daß der im Termine für sie erscheinende Stellvertreter durch Vollmacht oder Schreiben legitimirt sein müsse, widrigenfalls angenommen werde, daß Niemand für sie erschienen sei; s. zu §. 1. Nr. 1. der Verordnung.

2) **Rescript** vom 23. Januar 1835, daß in summarischen und Bagatellprozessen auch Personen, welche die Vermuthung einer Vollmacht für sich haben, sich durch Vollmacht oder Schreiben legitimiren müssen.

Dem Königlichen Ober-Landesgericht wird mit Bezug auf den beiliegenden Bericht des Kommissarius des dortigen Landgerichts für Bagatell- und Injuriensachen vom 8. d. M. eröffnet, daß der Justiz-Minister der Ansicht des Letztern dahin beitritt:

daß in den nach der Verordnung vom 1. Juni 1833 zu behandelnden Prozessen auch Personen, welche nach Vorschrift des A. L. R. die Vermuthung einer Vollmacht für sich haben, zur Vermeidung des Kontumazial-Verfahrens in den Terminen, in welchen sie auftreten, sich durch Vollmacht oder Schreiben legitimiren müssen.

Schon die A. G. O. hat in dem §. 2. Nr. 5. Tit. 16. Thl. I. den Grundsatz aufgestellt, daß der Gegentheil nicht schuldig ist, sich mit einem angeblichen Bevollmächtigten eher einzulassen, als bis derselbe entweder Vollmacht beigebracht, oder doch den ihm wirklich zugekommenen Auftrag durch ein Schreiben der Partei oder auf irgend eine andere glaubwürdige Art vorläufig bescheinigt hat, läßt indeß in §. 25. 26. 28. und 29. des Tit. 3. Thl. I. mehrfache Ausnahmen zu.

Nach der Allerhöchsten C. O. vom 17. Oktober 1833 Nr. 4. (G. S. S. 119.) soll aber den nach §. 8. seq. der Verordnung vom 1. Juni c. zu erlassenden Vorladungen an die Partcien die ausdrückliche Verwarnung hinzugefügt werden:

„daß der im Termine für sie erscheinende Stellvertreter durch Vollmacht oder Schreiben legitimirt sein müsse, widrigenfalls angenommen werde, daß Niemand für sie erschienen sei.“

Ausnahmen sind hierbei nicht gemacht, das Präjudiz muß also in allen Fällen realisirt werden, und insbesondere auch alsdann, wenn der Stellvertreter sich darauf berufen will, daß er die Vermuthung einer Vollmacht für sich habe, da eine solche Vermuthung keine Legitimation durch Vollmacht oder Schreiben ist.

Das Königliche Ober-Landesgericht hat sich hiernach zu achten und das dortige Landgericht zu bescheiden, dessen Kommissarius übrigens wegen der Form seines Berichtes darauf aufmerksam zu machen ist, daß er keine für sich bestehende Behörde bilde, und daher auch dem Kollegio des Landgerichts die Erstattung eines solchen Berichts hätte überlassen müssen.

(v. K. Jhrb. Bd. 45, S. 199.)

§. 24. Zu Deputirten sind Mitglieder der Deputation oder wirkliche Referendarien zu ernennen, Auskultatoren nur unter der Aufsicht eines der ersteren.

§, 25. Jeder Deputirte muß einen Protokollführer zuziehen, wozu hauptsächlich die bei dem Gericht angestellten Auskultatoren zu gebrauchen sind. (§. 73.)

Wird der Termin aber von einem Auskultator als Deputirter unter der Aufsicht eines Mitgliedes des Gerichts abgehalten, so genügt es, wenn das Mitglied das Protokoll mit unterzeichnet, und im Fall beide Parteien oder auch nur eine erschienen sind, pflichtmäßig attestirt,

daß es bei der Vernehmung derselben, bei der Vorlesung des Protokolls und seiner Vollziehung zugegen gewesen sei.

§. 26. Was der Deputirte im Termin zu besorgen hat, ergeben die §§. 12—15., 17. und 20. der Verordnung.

Bleibt der Verklagte aus, oder erkennt die Forderung an, so nimmt der Deputirte eine Verhandlung darüber auf, trägt die Sache in der nächsten Sitzung der Deputation vor, und überreicht den zur Vollziehung bereits entworfenen Kontumazial- oder Agnitionsbescheid.

§. 11.

Die Verlegung des Termins findet ohne Zustimmung des andern Theils nur einmal statt und in diesem Falle nur, wenn die Hinderungsursachen bescheinigt sind.

Bei Anberaumung des neuen Termins soll zwar in der Regel die im §. 9. vorgeschriebene Frist beobachtet, doch muß dieselbe auch mit Rücksicht auf die Beschaffenheit der Hinderungsursachen dergestalt verlängert werden, daß dem Verklagten Zeit zur Vertheidigung seiner Rechte bleibt.

§. 27. Kein Deputirter ist berechtigt, auf einen Prorogations-Antrag selbst zu verfügen, er hat vielmehr das darauf gerichtete Protokoll oder schriftliche Gesuch, dem Dirigenten der Deputation vorzulegen.

Der Dirigent prüft den Antrag, giebt die Verfügung an, und läßt dieselbe nicht nur dem Mandatar der Parteien insinuiren, sondern auch diesem selbst abschriftlich mittheilen, um ihre Stellvertreter zu kontrolliren.

1) **Rescript** vom 3. August 1833, betreffend die Zulässigkeit eines neuen Termins, wenn der erste Termin zu kurz angesetzt ist, und

2) **Rescript** vom 17. Dezember 1833, betreffend die Verlegung des Termins, wenn der Fiskus Partei ist; s. zu §. 10. der Verordnung.

3) **Rescript** vom 30. März 1835, betreffend die Zulässigkeit der Termins-Prorogation Seitens eines Juden, wenn der Termin auf einen Sabbath angesetzt ist.

Für einen Juden ist die Anberaumung eines Termins am Sabbath ein hinlänglicher Grund zur Prorogation, da ihm seine Religions-Grundgesetze verbieten, rechtliche Geschäfte am Sabbath vorzunehmen.

Auf das Prorogations-Gesuch des Verklagten vom 4—10. Mai v. J. hätte daher ein anderweiter Termin anberaumt werden sollen. Eine Hinderungs-Ursache, das Religions-Verbot war dargethan, und es läßt sich hiergegen nicht einwenden, daß er einen Sachwalter habe bestellen können, weil in Bagatellsachen die Gebühren nicht erstattet werden, und doch auch bei Prozessen, bei welchen ein Jude konkurrirt, nach Recht und Billigkeit eine solche Einrichtung getroffen werden muß, daß er nicht genöthigt wird, entweder wider seine Religions-Grundsätze zu handeln, oder einen Sachwalter auf seine Kosten zu bestellen.

Der Widerspruch des Klägers gegen die vom Verklagten nachgesuchte Verlegung des Termins vom 10. Mai v. J. war mithin, nach §. 11. der Verordnung vom 1. Juni 1833 (G. S. S. 40.) nicht zu beachten.

Demzufolge wird das (Tit.) veranlaßt, dem Gerichtsamt zu L. die Anweisung zu ertheilen, in Prozessen der Juden künftig die Termine nicht auf einen Sonnabend anzusetzen, hiernach auch in Zukunft sich selbst zu achten.

(Act. des Justizm. L. R. No. 35. Vol. V. Fol. 143.)

§. 12.

Erscheint der Verklagte nicht, so nimmt das Gericht auf den Vortrag des Deputirten in der nächsten Sitzung die in der Klage angeführten Thatsachen für zugestanden an, und erkennt auf den Antrag des Klägers, so weit es die Klage für rechtlich begründet erachtet, in contumaciam gegen den Verklagten.

1) **C. O.** vom 18. Oktober 1837, über das in den Terminen zur Beantwortung der Klage oder der Appellation im summarischen Prozesse zu beobachtende Kontumazialverfahren.

Da nach den Vorschriften der Verordnung vom 1. Juni 1833 dem summarischen Prozeßverfahren die Einrichtung zum Grunde liegt, daß die Parteien bei Vermeidung der im Gesetz angedroheten Nachtheile Behufs der mündlichen Verhandlung vor dem Gericht zu der für sie namentlich bestimmten Stunde pünktlich erscheinen müssen, so versteht es sich zwar von selbst, daß eben dasselbe auch bei der mündlichen Verhandlung zur Beantwortung der Klage oder der Appellation statt finde. Ich will jedoch zur Belehrung der Parteien und der Gerichte auf Ihren Antrag vom 26. v. M. noch besonders erklären, daß eben so, wie in den Terminen zur mündlichen Verhandlung nach §§. 21. u. 61. der Verordnung vom 1. Juni 1833 auch in den Terminen zur Beantwortung der Klage oder der Appellation (§§. 8. 12. 43.) das Kontumazialverfahren eintritt, wenn bei dem Aufruf der Sache im Termine die Parteien zu der in der Vorladung namentlich für sie bestimmten Stunde nicht erschienen sind.

Sie haben diesen Erlaß durch die Gesetz-Sammlung zur öffentlichen Kenntniß zu bringen. (G. S. S. 147.)

2) **Rescript** vom 20. Dezember 1833, betreffend die Zeit der Anberaumung der Termine und des eintretenden Kontumazial-Verfahrens.

Die Anordnung beim Hausvoigteigericht, wonach die Termine in den dort schwebenden Sachen nicht mehr wie früher nur an bestimmten Tagen der Woche nach 11 Uhr Morgens, sondern zeitig und an allen Tagen der Woche angesetzt werden, worüber Sie sich in der Vorstellung vom 14. d. M. beschweren, entspricht eben so sehr den gesetzlichen Vorschriften, als sie zur Förderung der Sachen zweckmäßig und nothwendig ist. Der Justiz-Minister kann daher hierin keine Abänderungen aus Gründen treffen, welche in der Person der Stellvertreter der Parteien liegen, und muß sich, wenn die Justiz-Kommissarien des Kammergerichts es nicht möglich zu machen wissen, die Termine beim Hausvoigteigericht neben den Geschäften beim Kammergericht wahrzunehmen, mit Rücksicht auf §. 6 Tit. 7. Th. III. der A. G. O. vorbehalten, zur Vertretung der Parteien beim Hausvoigteigericht besondere Justiz-Kommissarien zu bestellen.

Wenn ferner das Gesetz vom 1. Juni d. J. im §. 21. festsetzt, daß das Kontumazial-Verfahren eintreten soll, sobald eine Partei bei dem Aufruf der Sache nicht zu der in der Vorladung für sie besonders zu bestimmenden Stunde erscheint, so kann hierbei von einem in den Vorladungen der Art zu bestimmenden terminus ad quem, daß den Parteien oder deren Sachwaltern ein bestimmter Zeitraum von dieser Stunde an gerechnet zum Erscheinen frei bleibe, wie Sie in Antrag bringen, nicht weiter die Rede sein. Zur bestimmten Stunde muß jeder Vorgeladene da sein; das ist er aber nicht, wenn er eine halbe oder ganze Stunde auf sich warten lassen wollte. Das Kontumazial-Verfahren nach §. 23. und 24. der Verordnung vom 1. Juni d. J. selbst tritt in gleicher Art gegen den Kläger, wie gegen den Verklagten ein; und es ist daher auch unzulässig, dem Kläger die Befugniß einzuräumen, daß er später erscheinen und gegen den nicht erschienenen Verklagten, ohne Reassumtion der Sache und neue Vorladung desselben, Anträge machen dürfe, welche das Gesetz nur zuläßt, wenn er selbst der Vorladung gemäß erschienen ist. Die durch das Kontumazial-Verfahren in Sachen S. wider H. Ihnen entstandenen Kosten können hiernach nicht niedergeschlagen werden.

(Act. des Justizm. L. R. No. 35. Vol. III. Fol. 88.)

3) **Rescript** vom 27. April 1836, betreffend die Nothwendigkeit des Erscheinens der Partei oder ihres Stellvertreters im Klage-Beantwortungs-Termine, wenn auch eine schriftliche Klagebeantwortung eingereicht ist.

Dem (Tit.) gereicht auf die Anfrage vom 21. d. M. hierdurch zum Bescheide, daß

> wenn im summarischen oder Bagatell-Prozesse eine schriftliche Klagebeantwortung eingereicht wird, der Beklagte aber weder in Person, noch durch einen legitimirten Stellvertreter im Termine erscheint,

gegen denselben allerdings die Folgen der Kontumaz, welche im Bagatell-Prozeß nicht erst durch ein besonderes Kontumazial-Erkenntniß auszusprechen sind, eintreten müssen.

Dies ergiebt sich aus den §. 23. 52. und 54. der Instruktion vom 24. Juli 1833, so daß dasjenige Verfahren, welches vom Kommissarius des Kollegiums für Bagatellsachen beobachtet wird, ganz richtig ist.

Hierbei versteht es sich indeß zufolge Rescripts vom 14. August v. J. (Jahrb. Bd. 46. S. 121. 122.) von selbst, daß die Beklagten auf eingehende schriftliche Klagebeantwortungen, die nicht berücksichtigt werden können, sogleich zu bescheiden sind.

(Act. des Justizm. L. R. No. 35. Vol. VII. Fol. 104.)

§. 13.

Räumt der Verklagte die Forderung ein, so wird auf den Vortrag des Deputirten in der nächsten Sitzung die Agnitions-Resolution abgefaßt, auch selbst wenn der Kläger im Termine nicht erschienen ist.

Siehe Zusatz zum §. 11.

§. 14.

Bestreitet der Verklagte den Anspruch, so muß derselbe die Klage nicht nur vollständig beantworten, sondern auch alle Einreden in dem Klage-Beantwortungs-Termine vorbringen.

Thatsachen und Urkunden, worüber er sich nicht erklärt, werden für zugestanden und anerkannt gehalten. Fernere Einreden, welche auf Thatsachen beruhen, dürfen im Laufe der ersten Instanz vom Verklagten nicht mehr vorgebracht werden.

§. 28. Erscheint der Verklagte und bestreitet den Anspruch, so hat der Deputirte für die Aufnahme einer vollständigen Klage-Beantwortung zu sorgen.

§. 29. Durch die Klage und Klage-Beantwortung werden die Grenzen bestimmt, innerhalb deren sich der Rechtsstreit bewegen soll. Es hat daher der Kläger alles, was er vom Verklagten verlangt in seiner Klage, und der Verklagte alles, was er gegen den Anspruch einzuwenden hat, bei der Beantwortung derselben anzubringen. Später findet im Laufe desselben Prozesses keine neue Forderung und keine neue Gegenforderung statt. Der Kläger darf sein Klagefundament nicht ändern, der Verklagte in dieser Instanz keine neue, auf Thatsachen beruhende Einrede vorbringen. Nur in so weit die Klage-Beantwortung dem Kläger Veranlassung zur Anführung neuer Thatsachen, und diese dem Verklagten Veranlassung zu deren Widerlegung giebt, bleibt die Erörterung derselben im Fortgange des Prozesses, d. h. bei der mündlichen Verhandlung, noch zulässig.

§. 30. Ist eine Widerklage angebracht, so gilt von derselben und deren Beantwortung eben das, was bei der Klage und deren Beantwortung statt findet. (§. 59.)

§. 15.

Erscheinen die Parteien im Klage-Beantwortungs-Termine, so versucht der Deputirte die Sühne.

§. 16.

Editionsgesuche einer Partei gegen die andere müssen in der Klage oder Klagebeantwortung angebracht werden, und es ist darüber zugleich mit der Hauptsache zu verhandeln.

§. 17.

Editionsgesuche gegen Dritte sind mit der Klage oder Klagebeantwortung, jedoch in besonderen Schriften oder Protokollen, unter den Parteien zu verhandeln. Auf den Antrag des Editionssuchers kann die Verhandlung der Hauptsache bis zur Erledigung des Editionspunktes ausgesetzt werden.

§. 31. Nach geschlossener Klage-Beantwortung befragt der Deputirte den Kläger: ob er auf die mündliche Verhandlung Verzicht leisten wolle. (§. 20. der Verordnung.)

Sind beide Theile damit einverstanden, so führt der Deputirte die Instruktion zum Schluß, und versucht nochmals die Sühne.

Kommt sie nicht zu Stande, so reicht er die Akten zum Spruch ein.

Ist aber eine Beweisaufnahme erforderlich, oder kann die Instruktion nicht in demselben Termine beendigt werden, so ist die Sache zur mündlichen Verhandlung geeignet, und dahin zu verweisen.

Rescript vom 3. August 1833, zur Erläuterung der Verordnung vom 1. Juni 1833, (extraktweise.)

(Zu §. 14. und folg.) Der Zweck ist:
Den Kläger in seiner Klage,
Den Verklagten in seiner Klagebeantwortung
vollständig zu hören, und alles übrige zur mündlichen Verhandlung zu verweisen. Instruirt darf nur werden, wenn der Kläger im Beantwortungstermine auf das mündliche Verfahren Verzicht leistet und die Instruktion in demselben Termine beendigt werden kann.

Der Kläger soll also im Beantwortungstermine nicht gehört werden, wenn eine mündliche Verhandlung noch erfolgen muß. Seine Anwesenheit ist aber erforderlich:
um sich nach §. 20 zu erklären;
um die Instruktion zu schließen, wenn kein mündliches Verfahren stattfinden soll;
und um die Sühne zu versuchen.

Kommt es nur auf eine Beweisaufnahme an, so wird die Sache im Termine zum mündlichen Verfahren ganz kurz abgemacht werden können. Der Deputirte und Referent wird das Beweisresultat vortragen und zur Unterzeichnung vorlegen.

Die Verweisung zum mündlichen Verfahren ist aber darum nothwendig:
um dem Prozeßverfahren eine feste Haltung zu geben
und um den Parteien Gelegenheit zu bieten, sich noch zu erklären.

(v. K. Jhrb. Bd. 41. S. 459.)

§. 18.

Außer diesem Falle sind die Parteien, sobald die bestreitende Klagebeantwortung erfolgt ist, unter Mittheilung einer Abschrift derselben an den Kläger, zur mündlichen Verhandlung der Sache vor das erkennende Gericht vorzuladen, mit Androdrohung des nach den §§. 23. 24. und 25. den Ausbleibenden treffenden Nachtheils, und mit der Aufforderung, die in Bezug genommenen oder nur in Abschrift beigebrachten Urkunden urschriftlich zur Stelle zu bringen.

Rescript vom 3. August 1833, zur Erläuterung des §. 18. der Verordnung; s. zu §. 14—17. der Verordnung.

§. 32. Soll das mündliche Verfahren eintreten, so hat der Deputirte nach Abhaltung des Termines, aus der Klage und Klage-Beantwortung binnen drei Tagen eine vollständige Geschichts-Erzählung und Darstellung des Rechtsstreites in gedrängter Kürze zu entwerfen, und mit den Akten dem Dirigenten der Deputation vorzulegen.

Dieses Referat wird zu den Akten genommen.

Der Dirigent prüft und berichtigt dasselbe, setzt den Termin zum mündlichen Verfahren an, und bestimmt, ob der bisherige Deputirte oder ein anderer den Vortrag darin übernehmen soll.

Das Referat wird dem mündlichen Vortrage zum Grunde gelegt, auch bei der Ausarbeitung des Erkenntnisses als Geschichts-Erzählung benutzt, mit den Berichtigungen, welche dasselbe bei der mündlichen Verhandlung erfährt.

Rescript vom 26 Juni 1835, daß die Dirigenten der Deputationen für den summarischen Prozeß von der Bearbeitung einzelner Sachen als Referenten nicht ausgeschlossen sind.

Auf die Anfrage vom 18. d. M., betreffend die Anwendung der Bestimmung in den §§. 32. und 48. der Instruktion vom 24. Juli 1833 (Jhrb. Bd. 41. S. 448. und 456.) über den Mandats-, summarischen und Bagatell-Prozeß, wird Ihnen eröffnet, daß der Dirigent der Deputation sowohl in erster als in zweiter Instanz zugleich die Stelle des Referenten unbedenklich übernehmen kann. So wenig wie die Präsidenten der Kollegien überhaupt von Bearbeitung einzelner Sachen als Referenten ausgeschlossen sind, eine thätige Theilnahme derselben auch in dieser Beziehung vielmehr einen sprechenden Beweis ihres Diensteifers abgiebt; eben so wenig ist in der Verordnung vom 1. Juni und der Instruktion vom 24. Juli 1833 den Vorsitzenden der Deputationen verboten, selbst das Referat für das mündliche Verfahren anzufertigen und den Vortrag in der Sitzung zu übernehmen. Aus der Bestimmung des §. 32. der gedachten Instruktion, daß der Dirigent das Referat prüfen und berichtigen solle, kann dies nicht gefolgert werden. Die Absicht dieser Vorschrift ist, daß der Dirigent in jedem Falle von dem Inhalte der Akten sich unterrichte und die Diskussion zu leiten und zu beurtheilen im Stande sei, ob der Vortrag mit der aktenmäßigen Sachlage übereinstimme. Hat hingegen der Dirigent selbst das Referat entworfen, so wird der Zweck dieser Vorschrift damit von selbst erreicht.

(v. K. Jhrb. Bd. 45. S. 456.)

§. 33. Die Vorladungen der Parteien zum mündlichen Verfahren müssen

1) in der Seiten-Rubrik:
die Aufschrift: „Vorladung zum mündlichen Verfahren" und außerdem alles enthalten, was bei den Vorladungen zur Klagebeantwortung bemerkt worden ist.

2) im Kontext:
a. die Bestimmung des Tages und der Stunde (§. 31.) des Termins,
b. die Aufforderung darin in Person oder durch einen Bevollmächtigten zu erscheinen, die in Bezug genommenen oder nur in Abschrift beigebrachten Urkunden urschriftlich zur Stelle zu bringen und die fernere Verhandlung zu gewärtigen.
c. die Androhung: daß wenn beide Parteien zur bestimmten Stunde nicht erscheinen, die Akten auf Kosten des Klägers zurückgelegt werden sollen; wenn nur eine Partei nicht erscheint, oder sich nicht auf die Sache einläßt, die andere auf Reposition der Akten, oder auf Kontumazial-Verhandlung anzutragen befugt sei.

§. 19.

Eine Verlegung der zur mündlichen Verhandlung der Sache anberaumten Sitzung findet nur auf übereinstimmenden Antrag der Parteien statt.

(Zu §. 19.)

§. 34. Die Verlegung des anstehenden, und die Bestimmung des neuen Termins hängt von dem Ermessen des Dirigenten der Abtheilung ab.

2) **Rescript** vom 8. Oktober 1833. betreffend die Erläuterung einiger Bestimmungen der Verordnung vom 1. Juni 1833 (extraktweise).

Der §. 34. der Instruktion bestimmt nichts vom Gesetze Abweichendes, sondern sagt nur, daß die Bestimmung neuer Termine zum Ressort des Dirigenten der Deputation gehört. Die Gründe zur Verlegung eines Termines kann dieser nur aus dem Gesetze selbst entnehmen. Eine Uebereinstimmung beider Theile ist daher nach §. 19. der Verordnung, und wenn §. 27. nicht eintritt, immer erforderlich. Fehlt es an dieser, so muß die Sache vorgenommen und beendigt werden, eher darf die Deputation die Sitzung nicht beschließen, sondern muß dieselbe nöthigenfalls bis 6 Uhr Abends fortsetzen.

(Act. des Justizm. L. R. No. 35. Vol. II. Fol. 222.)

§. 20.

Sind die Parteien nach erfolgter Klagebeantwortung darüber einig, daß die mündliche Verhandlung vor dem erkennenden Gerichte entbehrt werden kann, so sind die Akten sofort zum Spruch vorzulegen, und muß das Erkenntniß vorzüglich beschleunigt werden.

Siehe Zusatz zum §. 17. (§. 31. der Instruktion.)

1) **Rescript** vom 6. November 1834, betreffend die Unzulässigkeit einer schriftlichen Replik im summarischen Prozesse.

Auf die Anfrage vom 14. v. M.

ob im summarischen Prozesse eine schriftlich aufgesetzte, aber mündlich vorgetragene Replik zu den Akten zu nehmen sei, und dem Justiz-Kommissarius dafür Kopialien zugebilligt werden dürfen

wird dem (Tit.) hierdurch eröffnet, daß der Justizminister die verneinende Bescheidung des Königlichen Kammergerichts vom 25. August d. J. um so mehr gegründet findet, als aus den §§. 18. und 20. der Verordnung vom 1. Juni v. J. sich zur Genüge ergiebt, daß nach der Klagebeantwortung entweder das mündliche Verfahren, oder die sofortige Vorlegung der Akten zum Spruch eintreten muß, und hiernach eine theils schriftliche, theils mündliche Instruktion nach der Klagebeantwortung nicht statt finden kann.

(Act. des Justizm. L. R. No. 35. Vol. V. Fol. 15e)

2) a. **Rescript** vom 29. Juni 1835, betreffend die Verzichtleistung auf die mündliche Verhandlung und die Unzulässigkeit dieser Verzichtleistung, wenn eine Beweisaufnahme erfolgt.

Das Königliche Ober-Landesgericht hält zwar nach seinem Berichte vom 16. d. M. eine autentische Deklaration der Verordnung vom 1. Juni 1833 über den Mandats-, summarischen und Bagatell-Prozeß darüber nothwendig ob

1) beiden Theilen, sowohl in erster als in zweiter Instanz, das Recht, auf mündliche Verhandlung zu verzichten, nicht zustehe, sobald eine Beweisaufnahme erfolgen soll? und
2) es den Parteien nur erlaubt sei, auf die mündliche Verhandlung in dem Termin zur Klagebeantwortung oder zur Beantwortung des Appellations-Berichts zu verzichten, später aber nicht mehr?

Der Justiz-Minister kann indeß die Bedenken des Königl. Ober-Landesgerichts nicht für begründet erachten und das Bedürfniß einer weiteren Deklaration um so weniger anerkennen, als die eben erwähnten Fragen sich durch den Inhalt der Instruktion vom 24. Juli 1833 (Jhrb. Bd. 41. S. 437.) und die später ertheilten belehrenden Anweisungen, zu welchen der Justiz-Minister durch die C. O. vom 17. Oktober deff. Jahres (G. S. von 1833 S. 119.) autorisirt ist, vollständig beantworten.

Zu 1. zeichnet der §. 31. der Instruktion den Gang des Verfahrens nach aufgenommener Klagebeantwortung vor. Mit der Bestimmung im §. 20. der Verordnung steht dies keineswegs im Widerspruch, und die Worte „nach erfolgter Klagebeantwortung" daselbst beziehen sich nur auf den Fall, wenn die Sache im Klagebeantwortungstermin selbst für reif zur Abfassung des Erkenntnisses von den Parteien anerkannt wird. Dasselbe tritt nach §. 53. der Verordnung und §. 48. der Instruktion in zweiter Instanz ein, und es ergiebt sich hieraus von selbst, daß das Eintreten des mündlichen Verfahrens, sobald die Nothwendigkeit einer Beweisaufnahme in Frage steht, weder in erster noch in zweiter Instanz von dem Ermessen der Parteien abhängig gemacht werden kann. Nur dagegen ist nichts zu erinnern, daß, wenn die Nothwendigkeit der Beweisaufnahme gar keinem Zweifel unterliegt, dann der Richter sofort das Beweis-Resolut erläßt, und der Termin zur mündlichen Verhandlung sodann mit demjenigen verbunden wird, welcher nach erfolgter Beweisaufnahme zufolge §. 34. der Verordnung abgehalten werden muß. Eine mündliche Verhandlung ist hiernach in allen Sachen, in denen Beweisaufnahme erfolgt, durchaus erforderlich, und von einer Verzichtleistung der Parteien kann dabei nicht die Rede sein.

Diese ist
zu 2. den Parteien allerdings nur im Termin zur Klagebeantwortung und zur Beantwortung der Appellations-Beschwerden, nicht nachher und insbesondere nicht nach verfügter Beweisaufnahme gestattet Wenn das Königliche Ober-Landesgericht es in das Ermessen der Parteien stellen will, ob nach verfügter Beweisaufnahme der im §. 34. der Verordnung erwähnte Termin eintreten soll, so ist dabei übersehen, daß dieser Termin nach den klaren Worten des ebengedachten §. zur mündlichen Verhandlung und zur Entscheidung der Sache dient, die Abhaltung desselben also auch in dem Falle nicht überflüssig ist, wenn die Parteien die Akten für geschlossen annehmen. Der im Bericht hervorgehobene Fall, wenn die Beweisaufnahme in Ableistung eines Eides besteht, paßt hier nicht, und kann dabei kein Aufenthalt erwachsen, da der Eid zufolge §. 31. der Verordnung in der Gerichtssitzung abgenommen wird, und in eben derselben Sitzung die Entscheidung der Sache nach §. 29. erfolgen muß, sobald die Parteien nichts weiter anzuführen haben. Die Bestimmungen in §. 33. und 34. der Verordnung, in Folge deren die Parteien nach beendigten Beweisverhandlungen zur mündlichen Verhandlung und Entscheidung der Sache noch besonders vorzuladen sind, sprechen nur von andern Beweisaufnahmen, die außerhalb der Gerichtssitzung der zur Entscheidung angeordneten Deputation erfolgen.

Das Königliche Ober-Landesgericht hat sich hiernach zu achten und die Anweisung vom 23. Mai d. J. zu erledigen.

(v. K. Jhrb. Bd. 45. S. 462)

b. **Rescript** vom 20. Februar 1836, betreffend die Abfassung des Erkenntnisses zweiter Instanz, wenn auf die mündliche Verhandlung verzichtet und eine Beweisaufnahme erfolgt ist; s. weiter unten zu §. 48.

§. 21.

Ein Verzeichniß der zur mündlichen Verhandlung bestimmten Sachen ist drei Tage vor derselben vor dem Sitzungssaale auszuhängen. Die Verhandlung geschieht nach der Reihefolge dieses Verzeichnisses, falls nicht dringende Ursachen nach dem Ermessen des Gerichts eine Ausnahme erfordern.

Erscheint eine Partei bei dem Aufruf der Sache nicht zu der in der Vorladung für sie besonders zu bestimmenden Stunde, so sind die Vorschriften §§. 23. und 24. zu befolgen.

1) **Rescript** vom 3. August 1833, zur Erläuterung der Verordnung vom 1. Juni 1833 (extraktweise).

(Zu §. 21.) Dieser §. soll verhindern, daß die um 9 Uhr vorgeladenen Parteien nicht um 11 Uhr erscheinen.

Es werden 10 bis 20 Sachen in der Zeit von 9 bis 1 Uhr zu verhandeln sein; darum müssen die Parteien z. B.

in 4 Sachen zu 9 Uhr
— 4 — — 10 —
— 4 — — 11 —
— 4 — — 12 —

vorgeladen werden. Wer zur Stunde nicht da ist, wenn die Sache aufgerufen wird, wird kontumazirt.

(v. K. Jhrb. Bd. 41. S. 459.)

2) **Rescript** vom 7. Oktober 1833, betreffend die Erläuterung einiger Bestimmungen der Verordnung vom 1. Juni 1833 (extraktweise).

Das Kontumazial-Verfahren tritt sogleich ein, wenn die Partei bei dem Aufruf nicht anwesend gefunden wird. Eine Prüfung der Gründe des Ausbleibens findet nicht statt.

Werden die Akten reponirt, so kann der Kläger auf Reassumtion antragen.

Im Uebrigen geben, sofern Klage und Klagebeantwortung vollständig sind, die §§. 34. und 35. der Verordnung den Parteien noch Gelegenheit, ihre Rechte in erster Instanz wahrzunehmen.
(Act. des Justizm. L. R. No. 35. Vol. II. Fol. 222.)

3) **Rescript** vom 20. Dezember 1833, betreffend die Zeit der Anberaumung der Termine und des eintretenden Kontumazialverfahrens; s. zu §. 12. der Verordnung.

§. 22.

Sämmtliche bei dem Gerichte angestellte richterliche Beamte, Referendarien, Auskultatoren und Justiz-Kommissarien, so wie die Parteien, haben bei der zur mündlichen Verhandlung anberaumten Sitzung Zutritt, Letztere jedoch nur, wenn ihre Sache verhandelt wird. Sämmtliche bei der Sache nicht betheiligte Personen müssen sich aber entfernen, sobald eine der Parteien darauf anträgt, oder das Gericht aus Gründen der öffentlichen Ordnung oder der Sittlichkeit dies für angemessen erachtet.
Siehe Zusatz zum §. 28. (§. 37. der Instruktion.)

1) **Rescript** vom 3. August 1833, zur Erläuterung der Verordnung vom 1. Juni 1833 (extraktweise).

(Zu §. 22.) Unter denen nicht betheiligten Personen sind alle zu verstehen, die nicht als Richter, als Referent, als Parteien und deren Stellvertreter bei der betreffenden Sache, die verhandelt wird, betheiligt sind. Von einem Publikum ist in der ganzen Verhandlung nicht die Rede, eine Zulassung desselben findet also nicht statt.
(v. K. Jhrb. Bd. 41. S. 459.)

2) **Rescript** vom 31. März 1835, betreffend die Zulassung nicht betheiligter Personen zu den mündlichen Verhandlungen im summarischen und Bagatell-Prozeß. (v. K. Jhrb. Bd. 45. S. 202.) erledigt durch

3) **C. O.** vom 15. Mai und **Rescript** vom 30. Mai 1836, denselben Gegenstand betreffend.

Auf Ihren Antrag und auf das darüber vernommene Gutachten des Staats-Ministeriums genehmige Ich, daß zu den in der Verordnung vom 1. Juni 1833 vorgeschriebenen mündlichen Verhandlungen im summarischen Prozesse, außer den im §. 22. genannten Personen, auch die richterlichen Beamten, Referendarien, Auskultatoren und Justiz-Kommissarien anderer Gerichte in Meinen Staaten freien Zutritt erhalten, wogegen dieselben auch in diesen Sachen, gleich den bei dem Gerichte selbst angestellten Beamten, zur Amtsverschwiegenheit verpflichtet sind. Es bewendet übrigens auch diesfalls bei der Vorschrift, daß sich sämmtliche, bei der Sache nicht betheiligte Personen aus der zur mündlichen Verhandlung anberaumten Sitzung entfernen müssen, wenn eine der Parteien darauf anträgt, oder das Gericht die Entfernung aller oder einzelner Personen für angemessen erachtet. Die Zulassung auch anderer Personen ausnahmsweise von ihrer Autorisation abhängig zu machen, scheint schon wegen besorglicher Exemplifikationen anderer nicht berücksichtigten Personen ein Bedenken zu haben. Ich will daher die Genehmigung hierzu bis dahin aussetzen, daß die Erfahrung nähere Motive dafür an die Hand geben möchte. Uebrigens bedarf es nicht, daß dieser Erlaß, als nur die Gerichte mit Anweisung versehend, in die Gesetzsammlung aufgenommen werde.
Berlin, den 15. Mai 1836.

Vorstehende C. O. wird hierdurch sämmtlichen Gerichtsbehörden zur Nachachtung mit der Bemerkung bekannt gemacht, daß sich nach diesen Allerhöchsten Bestimmungen die Verfügung vom 31. März pr. modificirt, mithin nur den oben benannten Personen unter den vorgezeichneten Bedingungen der Zutritt zu den mündlichen Verhandlungen im summarischen Prozesse zu verstatten ist.

Berlin, den 30. Mai 1836.

(v. K. Jhrb. Bd. 47. S. 538.)

§. 23.

Erscheinen beide Parteien in der zur mündlichen Verhandlung bestimmten Sitzung nicht, so sind die Akten auf Kosten des Klägers zu reponiren.

§. 24.

Erscheint die eine der Parteien nicht, oder läßt sie sich auf die Sache nicht ein, so kann die andere Partei auf Reposition der Akten auf Kosten des Gegners, oder auf Kontumazialverhandlung antragen.

§. 25.

Bei der Kontumazialverhandlung werden alle streitige, von dem Nichterschienenen angeführte, mit schriftlichen Beweisen nicht unterstützte Thatsachen für nicht angeführt erachtet, und alle von dem Gegentheil angeführte Thatsachen, denen noch nicht ausdrücklich widersprochen worden, sind für zugestanden, so wie die vom Gegentheil beigebrachten Urkunden für rekognoscirt anzusehen.

Eben so wird es gehalten, wenn eine erschienene Partei sich auf solche neue Umstände, welche bei der mündlichen Verhandlung noch vorgebracht werden dürfen, nicht einläßt.

Reseript vom 7. Oktober 1833, betreffend das Verfahren wenn der nicht erschienenen Partei noch ein Eid zugeschoben wird.

(Zu §. 25.) Wenn der nicht erschienenen Partei im Termine zur mündlichen Verhandlung noch ein Eid über eine von ihr schon bestrittene und vom Gegner zu beweisende Thatsache zugeschoben wird, so tritt insofern ein Kontumazialverfahren ein, als der Richter die Erheblichkeit des Eides festsetzt. Zur Ableistung bedarf es aber allerdings eines neuen Termins.

(Act. des Justizm. L. R. No. 35. Vol. II. Fol. 222.)

§. 26.

Der mündliche Vortrag, welchem durch den Deputirten, oder bei dessen Verhinderung durch ein anderes Mitglied des Gerichts, eine kurze mündliche Darstellung der Sache voranzuschicken ist, wird in der Gerichtssitzung durch die Partei in Person, oder durch einen von ihr aus der Zahl der bei dem Gerichte angestellten Justiz-Kommissarien zu wählenden Bevollmächtigten, oder durch einen auf ihr Verlangen ihr zugeordneten Beistand gehalten, wobei dem Verklagten das letzte Wort gebührt. Auch diejenigen Personen, welche gesetzlich die Vermuthung einer Vollmacht für sich haben, dürfen zu Bevollmächtigten bestellt werden.

§. 35. In dem Termine zur mündlichen Verhandlung erfolgt der Vortrag in nachstehender Ordnung:

Die Deputation kömmt ein oder zwei Stunden vor dem Beginn der mündlichen Verhandlung zusammen.

Es werden zunächst

1) die Kontumazial- und Agnitionsbescheide nach §. 12. und 13. der Verordnung und §. 26. dieser Instruktion und die Referate in den Sachen, welche nach §. 20. der Verordnung und §. 31. dieser Instruktion zum Spruch vorgelegt worden sind, vorgetragen.

2) Mit dem Eintritt der zum mündlichen Verfahren bestimmten Stunde wird der Vortrag der Referate unterbrochen, die zu 1. erwähnten Bescheide und Erkenntnisse den anwesenden Justiz-Kommissarien durch Vorlesen publicirt,

und sodann

3) zur Verhandlung der auf dem Verzeichnisse §. 21. der Verordnung enthaltenen geschritten.

Sollte der Vortrag der Referate zu 1. nicht beendigt worden sein, so muß er am Nachmittag desselben Tages fortgesetzt werden, damit nichts unerledigt bleibt.

§. 27.

Werden bei der mündlichen Verhandlung von einer Partei Thatumstände, in soweit sie nach §. 13. noch zulässig sind, und Beweismittel angebracht, auf welche die andere Partei nicht vorbereitet sein konnte, so ist durch mündliche Verfügung des Gerichts, welche zugleich die Stelle der Vorladung vertritt, die Fortsetzung der Verhandlung zu einer andern Sitzung anzuberaumen.

Erscheinen in dieser anderweiten Sitzung die Parteien nicht, so sind die §§. 23. 24. und 25. zur Anwendung zu bringen.

Rescript vom 21. März 1837, betreffend die gesetzliche Folge des Ausbleibens beider Theile in dem zur Verhandlung anberaumten Termine, sofern solcher kein Schlußtermin ist.

Dem (Tit.) wird auf den Bericht vom 28. v. M. eröffnet, daß der Justiz-Minister das Verfahren des Kommissarius des dortigen Land- und Stadtgerichts in der Bagatell-Prozeßsache des Handelsmann A. wider den H. keinesweges gerechtfertigt findet.

Nachdem in dem ersten zur Klagebeantwortung und zur mündlichen Verhandlung anberaumt gewesenen Termin der Verklagte den Einwand der Zahlung gemacht, sich der Eidesdelation bedient und zur Erklärung hierüber der Kommissarius mit Bewilligung beider Theile einen neuen Termin angesetzt hatte, so konnte, als in diesem Termine beide Theile der gehörigen Vorladung ungeachtet, ausblieben, das Kontumazial-Verfahren nur zur Folge haben, daß die Akten reponirt wurden; nicht aber durfte der Kommissarius ein Erkenntniß abfassen und hierin den Kläger abweisen.

Nur wenn in einem Schlußtermin nach aufgenommener Beweisaufnahme Niemand erscheint, wird angenommen, daß beide Theile auf Abfassung des Erkenntnisses submittiren. Dagegen können die Instruktions-Termine so wie die Termine zur mündlichen Verhandlung keinen Fortgang gewinnen, wenn Niemand da ist, der Anträge macht. Nach §. 23. der Verordnung vom 1. Juni 1833 werden daher auch, wenn beide Theile in der zur mündlichen Verhandlung bestimmten Sitzung nicht erschienen, die Akten auf Kosten des Klägers reponirt, und dasselbe tritt ein, wenn nach §. 27. l. c. ein neuer fortgesetzter Termin zur mündlichen Verhandlung angesetzt ist.

Im vorliegenden Falle ist überdies im ersten Termine nur die Klagebeantwortung aufgenommen worden, und die Instruktion der Sache noch gar nicht vor sich gegangen, so daß auch nach der Vorschrift der A. G. O. Thl. I. Tit. 9. §. 42. und 43. und Tit. 20. §. 19. gegen den im darauf folgenden Termine nicht erschienenen Kläger angenommen werden mußte, daß er sich der Fortsetzung des Prozesses begebe.

Zwar bemerkt das (Tit.) daß beide Theile auch unter dem Präjudiz des Abschlusses der Sache ausdrücklich vorgeladen worden. Indessen, war dies Präjudiz doch jedenfalls nur ein eventuelles, und es konnte nicht eintreten, da Niemand auf dessen Realisirung angetragen hatte.

Die Beschwerde des A. ist daher allerdings gegründet, und wenn sie nur sonst zeitig bei dem (Titel) angebracht ist, so muß sie das Kollegium als Rekursgesuch behandeln und demzufolge nach der Allerhöchsten C. O. vom 8. August 1832 (G. S. de 1832 S. 199.) das kontradiktorische Verfahren einleiten.

Jedenfalls ist das dortige Land- und Stadtgericht hiernach für künftige Fälle zu belehren, und der Beschwerdeführer auf seine nebst den Beilagen anliegend zurück erfolgende Vorstellung anderweit zu bescheiden.

(Act. des Justizm. L. R. No. 35. Vol. VIII. Fol 30d.)

§. 28.

Die Leitung der mündlichen Verhandlung, die Sorge für gehörige Erörterung der Sache, der nochmalige Versuch der Sühne, die Befugniß zur Schließung der Verhandlung, gebühren dem Vorsitzenden des Gerichts, welcher jedoch hierbei auf die Meinung der beisitzenden Richter Rücksicht zu nehmen, und diejenigen Fragen, welche Letztere den Parteien vorgelegt zu sehen wünschen, zu stellen hat.

Rescript vom 8. August 1833, zur Erläuterung der Verordnung vom 1. Juni 1833 (extraktweise).

(Zu §. 28.) Der nochmalige Versuch der Sühne ist Sache des Dirigenten.
(v. K. Jhrb. Bd. 41. S. 459.)

§. 36. Der Vorsitzende der Deputation hat für die Aufrechthaltung der Ordnung bei der mündlichen Verhandlung zu sorgen.

Sollte sich eine Partei, ein Stellvertreter derselben, oder ein Gerichts-Beamter eine Störung zu Schulden kommen lassen, so hat der Vorsitzende das Recht und die Pflicht, den Ruhestörer zur Ordnung zu verweisen; wenn die Ermahnung fruchtlos ist, ihm die Entfernung aus dem Gerichts-Saal anzudrohen, und diese Drohung, wenn sie ohne Erfolg bleibt, zur Ausführung zu bringen.

Wenn sich Jemand aber zu Beleidigungen seines Gegners oder gegen das Gericht hinreißen läßt, so steht dem Vorsitzenden die Befugniß zu, nach vorgängiger Berathung mit den übrigen Mitgliedern der Deputation und nach dem Beschluß der Majorität, eine Ordnungs-Strafe von 1 bis 5 Thaler oder von 6 bis 24 stündiger Gefängnißstrafe gegen denselben festzusetzen und sogleich vollstrecken zu lassen, unter Vorbehalt der härteren Strafen, welche dabei noch verwirkt sein sollten.

§. 37. Verlangt eine Partei, daß sich alle bei der Sache nicht betheiligten Personen entfernen, oder findet die Deputation dies angemessen, (§. 22. der Verordnung) so entläßt der Vorsitzende alle Anwesende, mit alleiniger Ausnahme der Mitglieder der Deputation, des Referenten und der Parteien oder deren Stellvertreter und Beistände.

§. 29.

Ist die Sache zum Endurtheile reif, so wird das Erkenntniß mit den Entscheidungsgründen den Parteien noch in der nämlichen, oder in einer sofort zu bestimmenden, jedoch nicht über acht Tage hinauszusetzenden Sitzung publizirt.

§. 30.

Ist eine Beweisaufnahme erforderlich, so muß dieselbe durch eine sofort abzufassende Resolution, welche die zu beweisenden Thatsachen und die Beweismittel festsetzt, verfügt werden.

§. 38. Ist eine mündlich vorgetragene Sache zur Abfassung des Beweis-Resoluts oder des Definitiv-Erkenntnisses reif, und das im §. 36. der Verordnung vorgeschriebene Protokoll vom Referenten aufgenommen, so treten entweder die Mitglieder der Deputation und der Referent zur Berathung des Urtels ab, oder es fordert der Vorsitzende die anwesenden Justiz-Kommissarien auf, sich zurückzuziehen.

Der Referent nimmt den Vortrag wieder auf und legt einen Entwurf zum Resolut oder Urtel vor, worüber die Richter sofort einen Beschluß fassen, und den Entwurf des Referenten annehmen, oder berichtigen.

Die Deputation kehrt hierauf in den Sitzungs-Saal zurück, oder läßt die abgetretenen Personen wieder hereinrufen, und es publicirt hierauf der Vorsitzende das Resolut oder das Urtel durch Vorlesung seines Inhalts.

Es ist nicht nothwendig, daß die Gründe gleich mit vorgelesen werden, es genügt, daß der Vorsitzende sie kurz anführt.

Findet die Majorität es angemessen, daß ein vollständiges schriftliches Referat ausgearbeitet werde, so muß der Referent ein solches binnen den nächsten 8 Tagen abfassen; die Entscheidung wird bis dahin ausgesetzt, und dies den Parteien eröffnet.

Ist eine Sache so einfach, daß deren Entscheidung, nach der Meinung des Referenten, keine Diskussion veranlassen dürfte, so steht ihm frei, unmittelbar nach beendigtem Vortrage seinen Urtels-Entwurf dem Vorsitzenden zuzustellen, welcher ihn durchsieht, und wenn er damit einverstanden ist, den übrigen Mitgliedern sogleich vorlegt. Trägt keines derselben auf die Eröffnung der Diskussion an, so publizirt der Vorsitzende das Erkenntniß ohne Weiteres.

§. 39. Es ist nicht zulässig, mehrere Sachen hintereinander vortragen zu lassen und dann erst die Erkenntnisse abzufassen.

§. 31.

Soll hiernach von der Partei, welche am Orte des Gerichts oder in dessen Nähe wohnt, ein Eid geleistet werden, so ist derselbe in der Gerichtssitzung, jedoch nicht früher als acht Tage nach Auferlegung desselben abzunehmen, selbst wenn die Partei bei letzterer in der Sitzung anwesend wäre.

1) **Rescript** vom 3. August 1833, zur Erläuterung der Verordnung vom 1. Juni 1833 (extraktweise).

(Zu §. 31.) Ueber die Frist zur Abnahme eines auferlegten Eides enthält das Gesetz eine durchaus klare Bestimmung. Sie ist absichtlich auf 8 Tage hinausgeschoben, um dem, der schwören soll, Zeit zur Ueberlegung zu lassen.
(v. K. Jhrb. B. 41. S. 459.)

2) **Rescript** vom 29. Mai 1835, betreffend die Kompetenz der Deputation erster Instanz zur Abnahme eines in zweiter Instanz erkannten Eides und zur Abfassung der Purifikations-Resolution; s. zu §. 51.

3) **Rescript** vom 24. November 1836, daß die Abnahme auferlegter Eide auch in summarischen Prozessen bei Gerichten, welche kein Kollegium bilden und in Bagatellsachen 8 Tage ausgesetzt werden muß; s. zu §. 64.

§. 32.

Ist die Partei, welche den Eid zu leisten hat, am Orte des Gerichts oder in dessen Nähe nicht wohnhaft, so requirirt das erkennende Gericht denjenigen Richter, in dessen Sprengel die Partei wohnt, um Abnahme des Eides.

§. 40. Wird nach §. 30. der Verordnung ein Beweis-Resolut abgefaßt, und darin auf Ableistung eines Eides erkannt, so muß dasselbe die Eides-Norm vorschreiben. Der Eid wird sowohl im Fall des §. 31., als in dem des §. 32. in der Gerichts-Sitzung, innerhalb der Gerichts-Schranken abgenommen, mit Beobachtung aller der Feierlichkeiten, welche die Wichtigkeit der Sache erfordert. Nur bei den Eiden der Juden, sofern sie in der Synagoge abgeleistet werden müssen, findet eine Ausnahme statt.

Die Eides-Ableistung erfolgt in Gegenwart des Gegners, seines Anwalts oder eines ihm beizuordnenden Schwur-Zeugen.

Die Verhandlung welche über die Abnahme des Eides aufgenommen wird, muß entweder die Worte des geleisteten Eides, oder doch die Bemerkung enthalten, daß der Eid wörtlich so abgeleistet ist, wie er normirt worden.

§. 33.

Soll eine andere Beweisaufnahme erfolgen, so ist dazu ein Kommissarius zu ernennen, oder, wenn sie auswärts erfolgen muß, das auswärtige Gericht zur Ernennung eines Kommissars zu veranlassen.

Rescript vom 3. August 1833, zur Erläuterung der Verordnung vom 1. Juni 1833 (extraktweise).

(Zu §. 33.) Der Kommissarius erläßt die erforderlichen Verfügungen und Vorladungen selbstständig unter seiner alleinigen Unterschrift. Es kann dazu unbedenklich der Deputirte ernannt werden.
(v. K. Jhrb. Bd. 41. S. 459.)

§. 34.

Sobald die Beweisverhandlungen beendigt sind, werden die Parteien unter abschriftlicher Mittheilung derselben zur mündlichen Verhandlung in die Gerichtssitzung und zur Entscheidung der Sache mit der Verwarnung vorgeladen, daß gegen den Ausbleibenden angenommen werden würde, er habe zur Unterstützung seiner Behauptungen und Anträge nichts weiter anzuführen.

Rescript vom 3. August 1833, zur Erläuterung der Verordnung vom 1. Juni 1833. (extraktweise.)

(Zu §. 34.) So wie die Beweisverhandlung geschlossen ist, ist die Sache zur Aburtelung reif, und darum muß der Vortrag in der Gerichtssitzung erfolgen.

Auf den Vortrag des Referenten und die mündlichen Erklärungen der Parteien soll in der Regel erkannt werden; von einem bloß schriftlichen Referate kann daher nur ausnahmsweise die Rede sein.

(v. K. Jahrb. Bd. 41. S. 459.)

§. 35.

Das Gericht darf die Aufnahme neuer Beweise, sobald derselben eine der Parteien widerspricht, nur dann gestatten, wenn sich dieselben erst aus dem aufgenommenen Beweise als vorhanden ergeben haben. Die Eideszuschiebung ist jedoch bis zur Abfassung des Erkenntnisses zulässig.

§. 36.

Ueber die mündlichen Verhandlungen wird ein Protokoll aufgenommen, welches enthält:

1) die Namen der anwesenden Gerichtsmitglieder;
2) die Namen der Parteien und ihrer Sachwalter, und ob sie erschienen sind oder nicht;
3) den Gegenstand des Rechtsstreits;
4) den Gang der stattgefundenen Verhandlungen im Allgemeinen;
5) die Zugeständnisse der Parteien, deren Aufzeichnung verlangt wird, so wie diejenigen Erklärungen der Parteien, deren Aufnahme das Gericht für erheblich hält.

Dieser letztere Vermerk wird den Parteien vorgelesen, und diese sind mit ihrer Bemerkung über dessen Fassung zu hören.

(Zu §. 36.)

§. 41. Das Protokoll über die mündliche Verhandlung nimmt der Referent auf, er bemerkt darin die Zugeständnisse der Parteien, deren Aufzeichnung der Gegner verlangt; so wie der Erklärungen, deren Aufnahme das Gericht für erheblich hält, liest dieselben den Parteien vor und berichtigt die Fassung, wenn sie dabei etwas zu erinnern finden. Wenn dies geschehen, und der Rechtsspruch erfolgt ist, trägt er den Inhalt des Letzteren in das Protokoll nach, legt dasselbe am Schluß der Sitzung den Richtern zur Unterschrift vor, und arbeitet hierauf bis zur nächsten Sitzung das Erkenntniß mit seinen Entscheidungsgründen aus, wobei er das Referat, das Protokoll über die mündliche Verhandlung und den publizirten Urtels-Entwurf zum Grunde zu legen hat.

§. 37.

Die Ausfertigungen des Erkenntnisses, welche am Schlusse die Belehrung wegen des einzuwendenden Rechtsmittels enthalten müssen, werden den Parteien selbst, und nicht bloß den Mandataren, binnen acht Tagen nach der Verkündung insinuirt.

Zu §. 37.

§. 42. Die Ausfertigungen der Erkenntnisse, worauf die Belehrung wegen der Rechtsmittel enthalten sein muß, werden den Parteien unmittelbar insinuirt; und wenn sie nicht am Orte des Gerichts oder der nächsten Umgegend sich aufhalten, mit der Post übersandt.

Im letzteren Falle ist ein Post-Insinuations-Dokument zu besorgen, welches das Gericht entwirft, und darin den

Inhalt des Schreibens „Urtels-Ausfertigung in Sachen des N. N. wider den N. N. zu N."

zu bezeichnen hat.

Dieses Insinuations-Dokument ist mit dem Uebersendungs-Schreiben dem Postamte zuzustellen und dasselbe zu ersuchen, die Insinuation durch einen vereideten Postboten bewirken zu lassen, das Insinuations-Dokument aber mit der Bescheinigung, welche der Empfänger, und dem Attest über die an ihn persönlich oder seine Angehörigen erfolgte Insinuation, welches der Postbote darauf zu bemerken hat, zu remittiren, und die Kosten der Insinuation nebst den Schreibgebühren für das Attest des Postboten in Ansatz zu bringen.

Kömmt das Uebersendungsschreiben uneröffnet zurück, so wird es dem Anwalt der Partei zugestellt, die Appellationsfrist aber von dem Tage an gerechnet, wo die Partei die Annahme verweigert hat.

Geht das Uebersendungsschreiben in das Ausland, so genügt es, dasselbe auf die gewöhnliche Weise zu rekommandiren. Findet dies nach einem gewissen Orte hin nicht statt, so genügt der Empfangschein des kolligirenden Postamtes.

Die Bevollmächtigten der Parteien erhalten in allen Fällen Abschriften der Erkenntnisse.

1) **Rescript** vom 30. Dezbr. 1835, betr. den Einfluß der Verordnung vom 14. Dezbr. 1833 auf die Bestimmung des §. 37. der Verordnung vom 1. Juni 1833.

Dem (Tit.) wird auf die Anfrage vom 15. d. M. hierdurch eröffnet, daß der §. 37. der Verordnung vom 1. Juni 1833 durch den §. 22. der Verordnung vom 14. Dezbr. 1833 keine Abänderung erlitten hat. Der §. 22. enthält zwei Abweichungen vom bisherigen Verfahren:

1) die Frist zur Einlegung des Rechtsmittels der Appellation beträgt nicht mehr 10 Tage, sondern mit Aufhebung der Restitution des §. 34. Tit. 14. Thl. I. der A. G. O. 6 Wochen und resp. 3 Monate;
2) bei Berechnung der Appellationsfrist kommt es nicht mehr auf den Tag der Eröffnung des Erkenntnisses und der Mittheilung der Ausfertigung oder Abschrift desselben an die Parteien, oder den Tag, wo der Mandatar Antwort erhalten kann, an (§§. 48. 49. 58. Tit. 13. vergl. mit §. 17. ff. Tit. 14. Th. I. der A. G. O.), sondern allein auf den Tag der Zustellung des ausgefertigten Erkenntnisses, gleichviel, ob dasselbe der Partei selbst oder ihrem Mandatar zugestellt ist.

Die Art der Publikation, Ausfertigung und Zustellung der Erkenntnisse hat hierdurch aber keine Aenderung erlitten, und soweit die §§. 29. 37. 51 und 53. der Verordnung vom 1. Juni und §. 25. der Verordnung vom 14. Dezbr. 1833 nicht zur Anwendung kommen, bleibt es in dieser Hinsicht bei den Vorschriften der A. G. O.

(Act. des Justizm. L. R. No. 35. Vol. 6. fol. 169)

2) **Reseript** vom 3. Juli 1837, betr. die Kosten der durch die Post nach §. 42. der Instruktion vom 24. Juli 1833 zu bewirkenden Insinuationen.

Das (Tit.) erhält hierbei eine Abschrift des, Seitens des Herrn General-Postmeisters von Nagler an sämmtliche Postanstalten erlassenen Cirkulars vom 26. v. M., wonach die Insinuations- und Schreibegebühren für jede der nach §. 42. der Instruktion zur Ausführung der Verordnung über den Mandats-, den summarischen und den Bagatell-Prozeß vom 24. Juli 1833 von den Postanstalten zu insinuirenden gerichtlichen Verfügungen auf überhaupt 5 sgr. festgesetzt worden sind.

Das (Tit.) hat sich daher hiernach zu achten, und die Untergerichte des Departements mit der erforderlichen weitern Anweisung zu versehen.

(Act. des Justizm. L. R. Nr. 35. Vol. VIII. fol. 72a.)

§. 38.

Restitution.

Das Restitutionsgesuch gegen ein in Gemäßheit des §. 12. abgefaßtes Kontumazialerkenntniß ist nach Vorschrift des Abschnitts 3. Tit. 14. der Prozeß-Ordnung anzubringen.

1) **Reseript** vom 7. Oktbr. 1833, zur Erläuterung einiger Bestimmungen der Verordnung vom 1. Juni 1833. (extraktweise.)

In der Regel muß nach Vorschrift der A. G. O. mit dem Restitutionsgesuche eine vollständige Klagebeantwortung verbunden sein. Dazu ist also ein besonderer Termin nur dann anzuberaumen, wenn dies nach der Vorschrift der A. G. O. zulässig ist.

(Act. des Justizm. L. R. No. 35. Vol. II. fol. 222.)

2) **Reseript** vom 2. Mai 1836, betr. die Unstatthaftigkeit der Restitution im summarischen Prozeß in den Fällen, in welchen früher der Exekutiv-Prozeß statt fand.

Dem (Tit.) wird auf den Bericht vom 19. v. M. bei Rücksendung der Anlage hierdurch eröffnet, daß der Justizminister im summarischen Prozeß die Restitution in denjenigen Fällen, in welchen früher der Exekutiv-Prozeß statt fand, nicht für zulässig erachtet.

Der Verordnung vom 1. Juni 1833 liegt allerdings auch die Absicht zum Grunde, das Verfahren in den geeigneten Fällen abzukürzen, und den Parteien schneller zu ihrem Rechte zu verhelfen. Es ist darum auch nicht anzunehmen, daß durch den §. 38. das Rechtsmittel der Restitution auch in den Fällen hat eingeführt werden sollen, in welchen solches früher nicht zugelassen war, und um so weniger, als in denselben Fällen nach §. 40. der Appellation nur Devolutiv-Effekt beigelegt worden.

Es ist aber auch jene Einführung aus dem §. 38. nicht herzuleiten. Denn einestheils sagt derselbe nicht:

> daß gegen ein, in Gemäßheit des §. 12. abgefaßtes Kontumazial-Erkenntniß das Restitutionsgesuch zulässig ist,

sondern nur:

> daß das Restitutionsgesuch gegen ein, in Gemäßheit des §. 12. abgefaßtes Kontumazial-Erkenntniß nach Vorschrift des Abschn. 3. Tit. 14. der Prozeß-Ordnung anzubringen.

Es ist also nur auf die Vorschriften des Tit. 14. verwiesen, um das Restitutionsgesuch (vorausgesetzt, daß ein solches überhaupt zulässig ist) nach den dort gegebenen Vorschriften anzubringen. Anderntheils ist aber auch in den allegirten Vorschriften des 3. Abschnitts des 14. Titels und zwar im §. 69. nur auf die Vorschriften des 8. Titels §§. 9—12. und auf den Fall, in welchem nach diesen ein Kontumazial-Bescheid abgefaßt worden, verwiesen, nicht aber auf die bei dem Wechsel- und Exekutiv-Prozeß vorkommenden besondern Bestimmungen des Tit. 27. und 28. der Prozeßordnung.

Da nun, wie auch in dem Reseripte vom 29. April 1831 schon ausgeführt ist, wider ein, im Exekutiv-Prozeß ergangenes Kontumazial-Erkenntniß keine Restitution zulässig ist, so muß solche in den vorbezeichneten Fällen auch jetzt ausgeschlossen bleiben.

(Act. des Justizm. L. R. Nr. 35. Vol. VII. fol. 108.)

§. 39.

Wird dasselbe zulässig befunden, so sind die Parteien unter abschriftlicher Mittheilung des Gesuchs an die Gegenpartei zur mündlichen Verhandlung nach den Vorschriften des §. 18. u. ff. vorzuladen.

Rescript vom 18. Oktbr. 1833, wonach die Prüfung eines Restitutionsgesuchs von dem ordentlichen Decernenten erfolgen muß; s. zu §. 41. der Verordnung.

§. 40.

Zweite Instanz.

Die Appellation findet nur statt, wenn der Gegenstand der Beschwerde über 50. Rthlr. beträgt.

In denjenigen Fällen, in welchen die A. G. O. der Appellation nur Devolutiveffekt beilegt, soll auch im summarischen Prozesse dieselbe nur Devolutivwirkung haben.

Die Appellationsfrist läuft vom Tage der Insinuation des Erkenntnisses.

(Zum §. 40. und 65.)

§. 43. Bisher betrug die Appellations-Summe
50 Rthlr. wenn ein Obergericht
und 20 Rthlr. wenn ein Untergericht
erkannt hatte.

Durch die Verordnung vom 1. Juni ist eine Aenderung dieser Bestimmung eingetreten. Es kömmt nicht mehr auf den Unterschied ob ein Ober- oder ein Untergericht, sondern darauf an: ob ein Gericht erkannt hat, welches ein Kollegium bildet oder nicht.

Ist von einem Kollegium oder einer Deputation von mindestens drei Personen erkannt worden, so findet die Appellation nur statt, wenn der Gegenstand der Beschwerde 50 Rthlr., außer diesem Falle, wenn der Gegenstand der Beschwerde 20 Rthlr. übersteigt.

Die Appellationsfrist läuft vom Tage der Insinuation des Erkenntnisses. So lange die jetzt bestehende Frist von 10 Tagen nicht verlängert wird, was bezweckt wird, müssen diese 10 Tage dem Appellanten frei bleiben, so daß ein auswärtiger Appellant noch am 10ten Tage nach dem Empfang des Urtels seine Erklärung zur Post geben kann.

1) **Verordnung** vom 14. Dezbr. 1833, über das Rechtsmittel der Revision und Nichtigkeitsbeschwerde, §. 21 und 22., betr. die Bestimmung der Fristen zur Einlegung der Rechtsmittel.

§. 21. Die Frist zur Einlegung des Rechtsmittels der Revision und der Nichtigkeitsbeschwerde beträgt sechs Wochen, vom Tage der Zustellung des ausgefertigten Erkenntnisses an die Partei oder deren Stellvertreter an gerechnet. Diese Frist wird für den Fiskus verdoppelt.

Eine Verlängerung der Frist findet nicht statt.

§. 22. Die im **§. 21.** gedachte Frist wird auch zur Einlegung des Rechtsmittels der Appellation festgesetzt und dagegen die im **§. 34. Tit. 14.** der Prozeßordnung gestattete Restitution aufgehoben.
(G. S. S. 302.)

2) **Rescript** vom 8. Dezbr. 1834, daß die Bestimmung der Appellationssumme im §. 40. der Verordnung vom 1. Juni 1833 sich nur auf summarische Prozesse beziehe und daher namentlich nicht in Konkurs- oder andern analogen Verfahren zur Anwendung komme. (v. K. Jhrb. Bd. 44. S. 364.)

3) **Rescript** vom 19. Septbr. 1835, daß die Appellation in summarischen Prozessen in denjenigen Fällen, in welchen früher der Exekutiv-Prozeß statt fand, nur Devolutiv-Effekt hat, und die Parteien hierüber bei Ausfertigung der Erkenntnisse zu belehren sind.

Auf die Anfrage des Königl. Stadtgerichts in dem Berichte vom 8. d. M. über die Anwendung der Bestimmung des §. 40. der Verordnung vom 1. Juni v. J., und darüber, ob in Betreff der Wirkung der Appellation jedesmal die Parteien mit zu bedeuten seien?
wird dem Kollegio Folgendes eröffnet.

Da die Verordnung vom 1. Juni v. J. bestimmt:

§. 6. Nr. 1. „der summarische Prozeß findet statt in allen Fällen, in denen „nach den bestehenden Vorschriften der Exekutiv-Prozeß eintritt,"

§. 40. „in denjenigen Fällen, in welchen die A. G. O. der Appellation „nur Devolutiv-Effekt beilegt, soll auch im summarischen Prozesse „dieselbe nur Devolutivwirkung haben,"

nach der A. G. O. aber da, wo bisher Exekutiv-Prozeß statt fand, die Appellation nach näherer Vorschrift des §. 7. seqq. der A. G. O. Th. I. Tit. 28. nur Devolutiveffekt hatte; so ist der Justizminister mit der Majorität des Kollegii darin einverstanden, daß diese letztere Vorschrift auch jetzt noch zur Anwendung kommen muß, so oft über einen früher zum Exekutiv-Prozeß geeigneten Anspruch jetzt im summarischen Prozesse nach Tit. 2. der Verordnung erkannt wird. Die Formel: „bei „Vermeidung der im Exekutiv-Prozesse zulässigen Exekution,"
fällt bei einem solchen im summarischen Prozeß ergangenen Erkenntnisse natürlich weg.

Was aber die Bedeutung der Parteien über diese Wirkung der Appellation betrifft, so enthält §. 37. der Verordnung vom 1. Juni v. J. die Bestimmung: „daß „die Ausfertigungen der Erkenntnisse am Schlusse die Belehrung wegen des einzu„wendenden Rechtsmittels enthalten müssen," und diese Belehrung muß, damit sie vollständig ist, auch die Bedeutung enthalten, daß die Appellation zwar zulässig sei, aber die Vollstreckung des Erkenntnisses nach §. 7. u. folg. a. a. O. nicht aufhalte. (v. K. Jahrb. Bd. 44. S. 89.)

§. 41.

Enthält die Anmeldung der Appellation nicht die bestimmte Angabe der Beschwerdepunkte, die Angabe der zu deren Unterstützung dienenden Beweismittel, die Vorlegung der Abschriften der in Bezug genommenen Urkunden und einen bestimmten Antrag, so ist der Appellant zur Rechtfertigung der Appellation vor einen Deputirten des Gerichts mit Androhung des im §. 42. ausgesprochenen Nachtheils, vorzuladen, und dem Appellaten unter abschriftlicher Mittheilung der Anmeldung davon Nachricht zu geben.

(Zum §. 41. und 42.)

§. 44. Es ist nothwendig, daß der Appellant bestimmt angiebt, worüber er sich beschwert, und was er in zweiter Instanz erkannt haben will. Der Appellationsbericht und die Verhandlung über die Appellations-Rechtfertigung müssen so vollständig abgefaßt sein, als ob von einer neuen Klage die Rede wäre.

Justizkommissarien sind durch Ordnungsstrafen anzuhalten, ihre Anträge in dieser Weise aufzustellen. Es ist nicht zu dulden, daß sie sich auf frühere Anträge in der ersten Instanz beziehen; damit sie jeden Satz in ihrem Antrage rechtfertigen, und weder der Gegner, noch der Appellations-Richter darüber in Zweifel bleiben, was der Gegenstand des Rechtsmittels und des Erkenntnisses eigentlich sein soll.

Gegen die Parteien selbst ist nach §. 42. der Verordnung zu verfahren.

§. 43. Die Appellation muß bei dem Richter erster Instanz angemeldet, gerechtfertigt und vom Appellanten beantwortet werden.

Ueber die Anberaumung des Termins zur Beantwortung der Appellationsschrift, und was in dem Termine zu beobachten ist, enthalten die §§. 43 bis 46. der Verordnung die nöthigen Bestimmungen.

Durch die Appellations-Anmeldung und Rechtfertigung, so wie die Beantwortung der Appellation, werden wie in erster Instanz durch die Klage und Klagebeantwortung die Grenzen bestimmt, innerhalb deren sich der Rechtsstreit in der zweiten Instanz bewegen soll. Neue Beschwerdepunkte dürfen nach Ablauf der Frist zur Appellations-Anmeldung und des Appellations-Rechtfertigungs-Termins, wenn ein solcher nothwendig ist, nicht mehr aufgestellt; neue Thatsachen zur Begründung der Appellation und Einreichung der Appellations-Schrift, oder nach erfolgter Appellations-Rechtfertigung, nicht mehr angeführt, und eben so wenig von Seiten des Appellaten zu deren Widerlegung nach Ablauf des Appellations-Beantwortungs-Termins vorgebracht werden.

Nur wenn in der Appellations-Beantwortung eine neue faktische Behauptung vorgebracht worden ist, steht dem Appellanten die Befugniß zu, im Termine zum mündlichen Verfahren auch seinerseits wieder neue Umstände oder Beweismittel zu deren Widerlegung anzuführen, und deren Aufnahme zu verlangen.

1) **Rescript** vom 18. Oktbr. 1833, betr. die Kompetenz des Kollegiums und der Deputation zu den Verhandlungen in appellatorio und auf ein Restitutionsgesuch.

Die von dem Präsidium des Königl. Oberlandesgerichts in Bezug auf die Einreichung des Geschäftsganges nach der Verordnung vom 1. Juni und der Instruktion vom 24. Juli c. am 1. d. M. erlassene Verfügung giebt mir Veranlassung zu folgenden Bemerkungen:

1) die Verhandlungen in appellatorio bis dahin, daß nach §. 48. der Instruktion die Wirksamkeit der Deputation für die zweite Instanz eintritt, bleiben in den Händen des gewöhnlichen Decernenten bei dem Kollegium, daher die zugelassene Appellation noch nicht an die Deputation abzugeben, sondern vom Decernenten selbst das Nöthige nach §§. 44 und 45. der Instruktion zu verfügen ist.
2) Wenn bei den Sachen, die nicht vor ein Untergericht, sondern vor das Königliche Oberlandesgericht gehören, zuerst von der Deputation für die zweite Instanz die Ausfertigung der Erkenntnisse, dann aber vom Kollegium deren Insinuation oder Absendung verfügt werden sollte, so würde hierdurch doppelte Arbeit entstehen. Es ist daher zweckmäßiger, daß der Vorsitzende der Deputation gleichzeitig auch die Verfügung wegen der Insinuation erläßt und so der Vortrag beim Plenum ganz wegfällt.
3) Restitutionsgesuche gegen Contumazial-Erkenntnisse müssen dem ordentlichen Decernenten vorgelegt werden, der erst, wenn sie vollständig begründet befunden worden, die Sache zur mündlichen Verhandlung verweiset, und dem Dirigenten der Deputation oder dem Bagatell-Kommissar zur Bestimmung des Termins vorlegen läßt.

Hiernach ist die betreffende Verfügung abzuändern.

(Act. des Justizm. L. R. No. 35. Vol. II. fol. 268.)

2) **C. O.** vom 13. Oktbr. 1833, betr. die Bestimmung des Instanzenzugs bei den nur aus einem Civil-Senat bestehenden Oberlandesgerichten.

Auf Ihren, des Justizministers Mühler, Antrag und nach erfolgter Berathung im Staatsministerium, habe Ich wegen der bei dem Oberlandesgerichte zu Marienwerder zu treffenden neuen Einrichtungen genehmigt, daß mit dem ersten Januar künftigen Jahres der zweite Senat desselben aufgelöset werde und das Oberlandesgericht dieselbe Einrichtung erhalte, welche durch das Regulativ vom 11. August v. J. (G. S. S. 208) dem Oberlandesgerichte zu Königsberg vorgeschrieben worden ist. Doch soll mit Rücksicht auf die Verordnung vom 1. Juni d. J. über den Mandats-, den summarischen und den Bagatellprozeß (G. S. S. 37.) die Abfassung des in diesen Prozessen zulässigen zweiten Erkenntnisses sowohl dann, wenn die erste Instanz bei einem Untergerichte aus dem Bezirke des Oberlandesgerichts zu Marienwerder geschwebt hat, als auch dann, wenn die Civildeputation dieses Oberlandesgerichts in erster Instanz erkannt hat, allemal und ohne Rücksicht, ob eine Revision zulässig ist, oder nicht, dem Civilsenate desselben Oberlandesgerichts, bei Injuriensachen der Untergerichte aber, dessen Senat für Strafsachen, zustehen. Demgemäß soll nunmehr die Distribution von Spruch-Sachen bei dem zweiten Senate des Oberlandesgerichts zu Marienwerder aufhören, und das Erkenntniß zweiter Instanz in allen bisher vor dem zweiten Senat ressortirenden Sachen auf die zu bildenden Senate und auf das Tribunal zu Königsberg übergehen. Ich trage Ihnen, dem Justizminister Mühler, auf, die hierzu erforderlichen speziellen Anordnungen zu erlassen. Zugleich bestimme Ich hierdurch: daß bei allen andern Oberlandesgerichten, welche nur aus einem Civilsenate bestehen, die Mandats-, summarischen und Bagatellsachen, welche in erster Instanz vor einem Untergerichte, oder vor der Civildeputation des Oberlandesgerichts geschwebt haben, in der zweiten Instanz, so weit sie zulässig ist, vor dem Civilsenate desselben Oberlandesgerichts verhandelt werden sollen. Das Staatsministerium hat die Aufnahme dieser Bestimmungen in die G. S. zu veranlassen.

(G. S. S. 125.)

§. 42.

Erscheint der Appellant in dem Rechtfertigungstermine nicht, so wird, falls die Appellationsanmeldung nicht die bestimmte Angabe der Beschwerdepunkte enthält, angenommen, daß er auf die Appellation verzichte, im entgegengesetzten Falle aber, daß er sich lediglich auf die Verhandlungen der ersten Instanz beziehe. Die Akten werden sodann sofort an den Appellationsrichter abgesandt, und, daß dieses geschehen, den Parteien bekannt gemacht. Thatsachen zur Begründung der Appellation, welche in der Appellationsrechtfertigung nicht vorgebracht worden sind, dürfen im ferneren Verlaufe nicht mehr gemacht werden.

S. Zusatz zum vorigen §.

1) a. **Rescript** vom 10 April 1834, betr. das Wegfallen der mündlichen Verhandlung, wenn der Appellant in dem Termine zur Rechtfertigung der Appellation nicht erscheint, und die Kompetenz zur Abfassung des Erkenntnisses zweiter Instanz, wenn keine mündliche Verhandlung statt gefunden hat.

a. Bericht des Oberlandesgerichts-Präsidii zu Königsberg.

Bei dem hiesigen Kommerz und Admiralitäts-Kollegio war ein Rechtsstreit in dem summarischen Prozesse eingeleitet worden und, weil der Verklagte in dem Klagebeantwortungstermine ausblieb,

— nach §. 12. des Gesetzes vom 1. Juni v. J. und nach §. 26. der Instruktion vom 24. Juli v. J.

auf den Vortrag des Deputirten von dem Kommerzien-Kollegio

— ohne vorhergegangene mündliche Verhandlung —

ein Kontumazial-Urtel gegen den Verklagten abgefaßt worden.

Der Verklagte appellirte dagegen rechtzeitig, spezifizirte seine Beschwerden genau, — führte jedoch zu deren Rechtfertigung nichts an.

Unter diesen Umständen wurde der Verklagte nach §. 41. des Gesetzes vom 1. Juni v. J. zur Rechtfertigung der Appellation vorgeladen, und ihm nach §. 42. ibid. die Warnung ertheilt, daß im Falle seines Ausbleibens werde angenommen werden — daß er sich lediglich auf die Verhandlungen der ersten Instanz beziehe, und daß sodann die Akten sofort an den Appellationsrichter würden abgesendet werden.

Der Verklagte und Appellant blieb auch in diesem Termine aus, und das Kommerz-Kollegium überreichte dem Oberlandesgerichte die Akten zur Abfassung des Appellations-Urtels.

Bei dem Oberlandesgerichte entstanden aber nunmehr darüber Zweifel:

1) ob die Akten ohne Weiteres zur Abfassung des Appellations-Urtels vorzulegen wären, — oder
ob zuvor noch ein Termin zum mündlichen Verfahren anzusetzen sei;
2) wenn die sofortige Vorlegung der Akten zum Spruche gerechtfertiget erscheine, von welchem Senate oder von welcher Deputation der Spruch ausgehen müsse; und
3) falls die Appellationsgerichts-Deputation zur Erledigung der summarischen Prozeßsachen — die kompetente Spruchbehörde sein sollte — ob auch bei dieser das Gesetz vom 14. Dezbr. v. J. in Anwendung zu bringen, und also das Appellations-Kontumazial-Urtel nur auf den schriftlichen Vortrag zweier Referenten abzufassen sei?

Was nun den Zweifel

ad 1. anlangt — so nimmt ein Theil des Kollegii an, — daß das im §. 42. d. G. dem ungehorsam ausbleibenden Appellanten angedrohte Präjudiz denselben nur nach §. 44. ibid. aller faktischen Einwendungen beraube — nicht aber den Appellationsrichter der Pflicht entledige — in dem nach §. 47. unter allen Umständen zur mündlichen Verhandlung anzusetzenden Termine dem Appellanten Gelegenheit zu geben — seine rechtlichen Einwendungen näher auseinanderzusetzen und geltend zu machen.

In der Entwickelung der Grundsätze des Mandats-, summarischen und Bagatell-Prozeß von dem Hofgerichtsrath Ulrich

(Arnsberg bei Ritter. 1833. Blatt 85—87.) so wie
in der Abhandlung des Oberlandesgerichtsraths Wentzel, Breslau, bei Joseph Max und Comp. 1833. Bl. 311.

ist derselbe Grundsatz angenommen worden.

Einem andern Theile des Kollegii, dem ich mich anschließe, scheint jener Grundsatz jedoch nicht richtig zu sein, weil

a) wenn derselbe richtig sein sollte — nicht einzusehen wäre, weshalb nicht auch in erster Instanz bei dem ungehorsamen Ausbleiben des Verklagten der Abfassung des Kontumazial-Urtels eine mündliche Verhandlung zuvorgehen müßte; während doch davon sowohl im §. 12. d. G. als im §. 26. der Instruktion das klare Gegentheil angeordnet worden ist;
b) weil das nach §. 42. des Gesetzes dem, auch in der zweiten Instanz ungehorsam ausbleibenden Appellaten gestellte Präjudiz:
daß er sich lediglich auf die Verhandlungen der ersten Instanz beziehe — auch den, nach §. 48. ibid. zulässigen Verzicht auf eine mündliche Verhandlung in sich zu schließen scheine, und weil es
c) dem Zwecke des Gesetzes vom 1. Juni — nämlich der Beschleunigung der Prozesse — ganz widerstrebend sein würde, wenn man der Verschleppungssucht eines Verklagten — der in beiden Instanzen gegen sich in contumaciam verfahren läßt — dadurch Vorschub leisten wollte — daß man zum mündlichen Verfahren noch einen Termin ansetzt, zu einem Verfahren — welchem eingestandene Thatsachen zum Grunde liegen, und bei dem erhebliche rechtliche Einwendungen wohl nur in den allerseltensten Fällen geltend gemacht werden könnten.

Sollten diese Gründe Ew. Excellenz Beifall finden, und also anzunehmen sein, daß es nach einem in beiden Instanzen vorangegangenen Kontumazial-Verfahren, vor dem Urtelsspruche der Ansetzung eines Termins zum mündlichen Verfahren nicht bedürfe — so entstehet

ad 2. der Zweifel, welche Behörde in solchem Falle zur Abfassung des Appellations-Urtels kompetent ist:
ob die Appellationsgerichts-Deputation des Oberlandesgerichts zur Erledigung der summarischen Prozeßsachen — oder,
je nachdem die Sache revisibel ist oder nicht,

im ersten Falle der Civil=Senat des Oberlandesgerichts, im letztern das Ostpreußische Tribunal?

Ein Theil des Kollegii nimmt nämlich an: daß die Appellationsgerichts=Deputation rc. nur alsdann zu erkennen berufen sei, wenn in appellatorio ein mündliches Verfahren statt gefunden habe — nicht aber auch alsdann, wenn dasselbe, sei es auf den Grund der Erklärungen der Parteien oder aus andern Gründen ausgeschlossen worden,

denn alsdann finde ein ganz gewöhnliches Verfahren statt, und es sei also auch von dem ordentlichen gewöhnlichen Appellationsrichter zu erkennen.

Ein anderer Theil des Kollegii, dem ich mich anschließe, hält dagegen dafür:

daß das mündliche Verfahren nicht die Eigenschaft des summarischen Prozesses bedinge;

daß also eine Rechtsangelegenheit, die sich zum summarischen Prozeß=Verfahren eignet und darin eingeleitet worden ist — ein summarischer Prozeß bleibt — wenn auch das mündliche Verfahren darin ausgeschlossen worden ist, und

daß also die Appellationsgerichts=Deputation in allen Sachen in appellatorio erkennen muß, welche im summarischen Prozeß=Verfahren eingeleitet worden sind, gleichviel ob darin ein mündliches Verfahren statt gefunden hat oder nicht.

Wollte man das Gegentheil annehmen, so würde es inkonsequent erscheinen, daß nach §. 12. d. G. auch dann, wenn in erster Instanz kein mündliches Verfahren statt gefunden, sondern der Verklagte die Forderung des Klägers anerkannt, oder in contumaciam gegen sich hat verfahren lassen — die Abfassung der Agnitoria oder des Kontumazial=Urtels — der Deputation, und nicht dem ganzen Kollegio überwiesen worden ist.

Ist aber die Voraussetzung ad 2. richtig:

daß die Appellationsgerichts=Deputation rc. in den summarisch eingeleiteten Prozeßsachen ohne Unterschied zu erkennen hat — gleichviel ob darin in erster oder zweiter Instanz ein mündliches Verfahren statt gefunden hat oder nicht,

so ist endlich

ad 3, der Zweifel rege gemacht worden —

ob die Appellationsgerichts=Deputation rc. in denjenigen summarischen Prozeßsachen — in welchen sie ohne vorhergängiges mündliches Verfahren in appellatorio erkannt — ebenfalls die Vorschriften des Gesetzes vom 14. Dezbr. v. J. befolgen muß, mithin ihre Entscheidungen nur auf den schriftlichen Vortrag zweier Referenten gründen darf?

Diese Frage zu bejahen scheint mir bei der ganz allgemeinen Fassung des §. 23. der Verordnung vom 14. Dezbr. nicht zweifelhaft, indem nur alsdann,

wenn eine mündliche Verhandlung wirklich statt gefunden hat,

der von einem Referenten in Gegenwart der Parteien oder deren Sachwalter gehaltene schriftliche Vortrag genügt, und die Bestellung eines zweiten Referenten unnöthig erscheinen läßt; im entgegengesetzten Falle aber, mithin alsdann, wenn im summarischen Prozesse keine mündliche Verhandlung statt gefunden hat — die allgemeine Vorschrift über die Art der Rechtsfindung in appellatorio Anwendung finden muß.

Bei der Verschiedenheit der Ansichten der Mitglieder des Kollegii, und um sonst möglichen Nullitätsbeschwerden vorzubeugen — auch um eine feste Norm der Grundsätze zu erlangen, welche ich bei der Distribution der im summarischen Prozeß=Verfahren eingehenden Spruchsachen befolgen soll — habe ich mich verpflichtet gehalten, Ew. Excellenz die vorerwähnten Zweifel zur erleuchteten Entscheidung vorzutragen. Königsberg, den 31. März 1834.

b. Auf den Bericht vom 31. v. M., den §. 42. des Gesetzes vom 1. Juni v. J. betreffend, wird Ew. Hochwohlgeboren Folgendes eröffnet:

1) Die Frage:

wie zu verfahren ist, wenn ein Verklagter, gegen den in erster Instanz in contumaciam erkannt worden, das Rechtsmittel der Appellation einwendet, die Beschwerden zwar vollständig spezifizirt, in dem zur Rechtfertigung der Appellation nach §. 41. der Verordnung anberaumten Termine aber nicht erscheint?

muß nach §. 42. des Gesetzes dahin entschieden werden:

daß der Appellationsrichter, an den die Akten sofort abzusenden sind, ohne weiteres Verfahren, auf den schriftlichen Vortrag der Sache durch die zu er=

nennenden Referenten, erkennt; ein Termin zur mündlichen Verhandlung der Sache also nicht angesetzt wird.

Der Appellant ist vorgeladen, seine Appellation zu rechtfertigen und anzugeben, was zu deren Unterstützung dient, unter dem gesetzlichen Präjudiz, daß er sich lediglich auf die Verhandlungen der ersten Instanz beziehe, also, „daß er nichts weiter anzuführen habe." Es würde hiermit im Widerspruch stehen, wenn man ihn, nachdem dies Präjudiz eingetreten ist, nochmals unter dem Präjudiz des Kontumazial-Verfahrens zu einer mündlichen Verhandlung nach §. 49. vorladen wollte.

Der Termin zur mündlichen Verhandlung setzt, wie in erster Instanz einen Klagebeantwortungs-Termin, so in zweiter Instanz nach §. 49. cit. einen Termin zur Beantwortung der Appellation voraus. Ist es zu diesem Termine nicht gekommen, so tritt auch keine mündliche Verhandlung der Sache ein.

2) die zweite Frage:

welche Behörde das Urtel zweiter Instanz abzufassen habe, wenn in appellatorio in einer summarischen Sache ein mündliches Verfahren nicht statt gefunden hat, die Deputation oder das Kollegium, aus welcher sie gebildet ist?

erledigt sich durch §. 48. der Instruktion vom 24. Juli, wonach in zweiter Instanz die Deputation erst dann eintritt, wenn nach abgehaltenem Termine zur Beantwortung der Appellation die fernere Erörterung im Wege des mündlichen Verfahrens erfolgen soll.

Tritt also das mündliche Verfahren nicht ein, so tritt die Deputation nicht zusammen, sondern es erkennt das Kollegium, aus dem sie zusammengesetzt ist, in gewöhnlicher Art. Die Sache bleibt deshalb nichtsdestoweniger eine summarische Sache, und es muß deshalb auch nach §. 20. der Verordnung das Erkenntniß vorzüglich beschleunigt werden.

3) Die Frage:

ob in den zu 2. erwähnten Sachen nach §. 23. des Gesetzes vom 14. Dezbr. v. J. zwei Referenten erforderlich sind?

ist zu bejahen, weil der §. 23. von den Sachen, in welchen das Rechtsmittel der Appellation statt findet, nur diejenigen ausnimmt, deren Verhandlung mündlich statt gefunden hat. Berlin, den 10. April 1834.

(v. K. Jahrb. Bd. 43. S. 521.)

b. **Rescript** vom 22. Dezbr. 1834, betr. das Wegfallen der mündlichen Verhandlung, wenn der Appellant in dem Termine zur Rechtfertigung der Appellation ausgeblieben.

Der Justizminister kann die Bedenken nicht für begründet erachten, welche das (Tit.) im Bericht vom 1. d. M. gegen die Bestimmungen des Rescripts vom 10. April d. J. über das Verfahren in der Appellations-Instanz aufstellt, wenn der Appellant im Termine zur Rechtfertigung der Appellation ausbleibt.

Insofern diese Bedenken aus den Worten der Verordnung vom 1. Juni v. J. selbst entnommen sind, sind sie schon früher mehrfach zur Erwägung gekommen und insbesondere durch diejenigen Gründe für beseitigt angenommen, welche die nähere Ausführung in einer Anfrage über diesen Gegenstand, wovon in der Anlage ein abschriftlicher Auszug beiliegt, enthält.

Wenn aber das Kollegium für die entgegengesetzte Ansicht noch anführt

1) daß der Appellations-Richter bei mangelnder mündlicher Verhandlung der Sache die Rechtsausführungen entbehre, von denen sich gleichwohl die eine oder die andere Partei wesentlichen Erfolg versprechen könne, so kommt dagegen in Betracht, daß zuvörderst der Appellant, welcher die Verwarnung „er beziehe sich lediglich auf die Verhandlungen erster Instanz" durch seinen Ungehorsam wider sich eintreten läßt, sich nicht darüber beschweren kann, wenn er gar nicht weiter gehört wird; der Appellat aber seine Rechtsausführung in den Gründen des Erkenntnisses erster Instanz findet, und nöthigenfalls von der Befugniß Gebrauch machen kann, welche ihm die nicht aufgehobene Bestimmung des §. 45. Tit. 14. Thl. I. der A. G. O. giebt.

Der Uebelstand hingegen, welchen das (Tit.)

2) darin findet, daß das gewöhnliche Spruchkollegium in der Appellations-Instanz doch ein Resolut Behufs Ermittelung der Thatsachen und Beweisstücke erlassen kann, in Gefolge dessen die Sache zur mündlichen Verhandlung vor die Deputation zweiter Instanz käme, welche vielleicht von andern Grundsätzen ausgeht, kann einestheils nur deshalb sehr selten eintreten, weil der Appellant präkludirt ist, und ist anderntheils nicht größer wie der, wenn der prozeßleitende und erkennende Richter verschiedener Ansicht sind.

(Act. des Justizm. L. R. Nr. 35. Vol. V. fol. 82.)

2) **Rescript** vom 7. Juli 1834, betr. die Anwendung des im §. 42. der Verordnung bestimmten Präjudizes, wenn ein Mandatar die Appellations-Rechtfertigungsschrift binnen der bestimmten Frist nicht einreicht.

Bei dem Bedenken, welches das Königl. Oberlandesgericht in seinem Berichte vom 27. v. M. aufstellt, ist der Justizminister mit der Majorität des Kollegiums dahin einverstanden,

daß das im §. 42. der Verordnung vom 1. Juni v. J. dem im Termine zur Rechtfertigung der Appellation nicht erscheinenden Appellanten gestellte Präjudiz auch dann volle Anwendung findet, wenn die Partei sich durch einen bevollmächtigten Justizkommissarius vertreten läßt, und dieser nach §. 70. der Verordnung aufgefordert worden ist, die Rechtfertigung der Appellation schriftlich einzureichen.

Dem Justizkommissarius wird hierzu ein bestimmter, nicht über eine vierzehntägige Frist hinaus zu schiebender Tag festgesetzt, bis zu welchem spätestens die Rechtfertigungsschrift beim Gericht eingereicht werden muß, widrigenfalls gegen die Partei, welche er vertritt, nach dem §. 42. der Verordnung verfahren werden wird.

Die Instruktion vom 24. Juli v. J. bestimmt zwar im §. 44., daß Justizkommissarien durch Ordnungsstrafen anzuhalten sind, ihre Anträge in der dort angegebenen Weise aufzustellen. Dies hindert aber nicht, ihnen bei Festsetzung der Ordnungsstrafe zugleich die Rechtfertigung der Appellation zu dem bestimmten Tage unter dem obigen Präjudiz aufzugeben.

(v. K. Jahrb. Bd. 44. S. 86.)

§. 46. Die Vorladung des Appellanten zur Rechtfertigung der unvollständig befundenen Appellation muß enthalten:

1) in einer Seiten-Rubrik:

die Aufschrift: „Vorladung des Appellanten zur Rechtfertigung der Appellation,"

sonst Alles wie bei der Vorladung zur Klagebeantwortung.

2) im Kontext:

a. die Bestimmung des Termins,

b. die Aufforderung, selbst zu erscheinen, alles was er zur Rechtfertigung seiner Appellation anzuführen habe, vorzutragen, und über die ihm vorzuhaltenden Gegenstände sich bestimmt zu erklären, weil er später mit keiner neuen Beschwerde und keiner neuen Thatsache zur Unterstützung seiner Appellation weiter werde gehört werden,

und die Androhung.

Bei dieser letzteren sind zwei Fälle zu unterscheiden:

A. wenn die Appellations-Beschwerden in der Appellations-Anmeldung bestimmt angegeben worden sind,

B. oder nicht.

In dem Falle zu B. ist die Androhung so zu fassen: daß wenn er in dem Termine nicht erscheinen sollte, angenommen werden würde, daß er auf die Appellation verzichte.

In dem Falle zu A. ist die Androhung dahin zu fassen: daß wenn er in dem Termine nicht erscheinen sollte, angenommen werden würde, daß er sich lediglich auf die Verhandlung der ersten Instanz beziehe.

Es sind daher zwei verschiedene Formulare zu dieser Vorladung zu entwerfen.

§. 43.

Ist die Rechtfertigung der Appellation in der Anmeldung oder in dem besonderen zur Aufnahme derselben anberaumten Termine erfolgt, so wird der Appellat unter abschriftlicher Mittheilung derselben, zu deren Beantwortung vor einem Deputirten des Gerichts, mit Androhung der in den §§. 44 und 45. gedachten Nachtheile, vorgeladen.

1) **C: O.** vom 18. Oktbr. 1837, betr. die Bestimmung, daß auch in dem Termine zur Beantwortung der Appellation das Kontumazialverfahren eintritt, wenn die Parteien nicht zu der in der Vorladung bestimmten Stunde erscheinen; s. zu §. 12. der Verordnung.

2) **Rescript** vom 17. Novbr. 1834, betr. die Nothwendigkeit eines Termins zur Beantwortung der Appellation, wenn der Appellat durch einen Justizkommissarius vertreten wird.

Dem (Tit.) wird beigehend die Beschwerde des N. N. in der Rechtssache des N. N. abschriftlich mit dem Eröffnen zugefertigt: daß der Justizminster die Ansicht des Beschwerdeführers über die Anberaumung eines Termins zur Beantwortung der Appellation auch in Fällen, wo der Appellat durch einen Justizkommissarius vertreten wird, nur beitreten kann, und den Antrag begründet findet.

Die Nothwendigkeit der Anberaumung dieses Termins ergiebt sich insbesondere aus §. 46. der Verordnung vom 1. Juni v. J. und §. 45. der Instruktion vom 24. Juli v. J. Dagegen folgt aus §. 70. der Verordnung, worauf das (Tit.) sich bezieht, nur, daß in solchen Fällen die Beantwortung schriftlich vor oder in dem Termine überreicht werden muß, um das gesetzliche Präjudiz, welches eintritt, wenn er nicht schriftlich sich erklärt, zu vermeiden; und im §. 44. der Instruktion, den das Kollegium ebenfalls in seiner Resolution vom 6. d. M allegirt, ist nur von dem Appellations-Bericht die Rede; wie dieser §. 44. aber anzuwenden ist, ergiebt näher das abschriftlich beigefügte, hierüber unter dem 7. Juli d. J. erlassene Rescript.

Das (Tit.) hat sich hiernach im vorliegenden Falle und künftig zu achten.

(Act. des Justizm. L. R. Nr. 35. Vol. V. fol. 28.)

§. 44.

Der Appellat muß die Appellation vollständig beantworten und alle zu deren Widerlegung dienende neue Thatsachen vorbringen. Thatsachen und Urkunden, worüber er sich nicht erklärt, sind für zugestanden und anerkannt zu halten. Neue Thatsachen dürfen vom Appellaten im ferneren Laufe des Verfahrens nicht mehr vorgebracht werden.

§. 45.

Versäumt der Appellat den Termin, so werden die vom Appellanten angeführten neuen Thatsachen für zugestanden und die zur Unterstützung der in erster Instanz bereits angeführten Thatsachen vorgelegten Urkunden für anerkannt gehalten, und es gehen die Einwendungen gegen die vom Appellanten angegebenen Beweismittel verloren.

§. 46.

Der Appellant wird zu dem zur Beantwortung der Appellation anberaumten Termine unter der Verwarnung mit vorgeladen, daß im Falle seines Ausbleibens die Absendung der Akten zur mündlichen Verhandlung an den Appellationsrichter erfolgen würde.

§. 47. Die Vorladungen
des Appellaten zur Beantwortung der Appellation, und
des Appellanten zu eben diesem Termine,

sind im wesentlichen — mit den sich von selbst ergebenden Abänderungen — wie zum Klagebeantwortungs-Termine abzufassen.

In die Vorladung des Appellaten sind die Bestimmungen der §§. 44. und 45.; in die des Appellanten die Verwarnung des §. 46. aufzunehmen.

§. 47.

Nach Abhaltung des Termins zur Beantwortung der Appellationsbeschwerden werden die Akten sofort an das Gericht zweiter Instanz befördert, es sei denn, daß die Aussetzung der Verhandlung bis zur Erledigung eines Editionspunktes verfügt wäre. Den Parteien wird die Absendung der Akten, unter Mittheilung einer Abschrift der Beantwortung an den Appellanten, bekannt gemacht.

§. 48.

Haben beide Parteien darauf angetragen, daß die Sache ohne mündliche Verhandlung vor dem Appellationsrichter entschieden werde, so wird ohne Weiteres auf schriftlichen Vortrag das Erkenntniß abgefaßt.

(Zum §. 48.)

§. 48. Wird der Rechtsstreit im Termine zur Beantwortung der Appellation nicht verglichen, und tragen auch nicht beide Theile darauf an, daß die Akten ohne weiteres zum schriftlichen Vortrag distribuirt werden, so erfolgt die fernere Erörterung der Sache vor dem Appellationsrichter im Wege des mündlichen Verfahrens.

Es wird hierzu eine Deputation von mindestens fünf Mitgliedern gebildet, und es gilt hievon alles das, was in dieser Instruktion in Beziehung auf die Deputation in erster Instanz vorgeschrieben worden ist.

1) **Rescript** vom 3. August 1833, zur Erläuterung der Verordnung vom 1. Juni 1833. (extraktweise.)

(Zu §. 47. und 48.) Da auf den mündlichen Vortrag das Erkenntniß abgefaßt werden soll, so muß auch in appellatorio, wie sich von selbst ergiebt, die mündliche Verhandlung vor dem Appellationsrichter erfolgen. Es versteht sich, daß, wenn es auf die Aufnahme eines Beweises ankommt, der Appellationsrichter das Beweisresolut abfassen und daß er darin das Nöthige wegen Aufnahme des Beweises selbst verordnen muß. Er kann den Auftrag dazu dem Richter erster Instanz oder einem andern richterlichen Beamten ertheilen, wie er es am angemessensten hält.

(v. K. Jahrb. Bd. 41. S. 459.)

2) **Rescript** vom 6. Mai 1835 nebst Bericht, betr. die Nothwendigkeit der mündlichen Verhandlung, wenn der Appellat im Termine zur Beantwortung der Appellation nicht erschienen ist,

a. Bericht des Oberlandesgerichts zu Hamm.

Im Kollegio sind darüber Zweifel entstanden:

ob in zweiter Instanz das mündliche Verfahren auch dann eintreten müsse, wenn der Appellat in dem Termine zur Beantwortung des Appellationsberichts nicht erschienen ist, und der Appellant auf das mündliche Verfahren verzichtet hat?

Für die verneinende Beantwortung dieser Frage wird angeführt:

1) daß in Hinsicht des Appellanten die Frage dahin entschieden ist, daß, wenn er in dem Termine zur Rechtfertigung der Appellation nicht erscheint,

kein mündliches Verfahren weiter statt finde. (§. 42. des Gesetzes vom 1. Juni 1833. Rescript vom 10. April 1834. Jahrb. Bd. 43. S. 525.) Dasselbe scheine in Hinsicht des Appellaten gelten zu müssen, wenn er in dem Termine zur Beantwortung des Appellationsberichts nicht erscheint. In dem gedachten Rescripte sei auch allgemein der Grundsatz ausgesprochen, daß das mündliche Verfahren in erster Instanz die Klagebeantwortung, und in zweiter Instanz die Beantwortung des Appellationsberichts voraussetze.

2) Für die erste Instanz bestimme der §. 18. ausdrücklich, daß das mündliche Verfahren erst statt finde, sobald die bestreitende Klagebeantwortung erfolgt sei. Dasselbe scheine auch für die zweite Instanz gelten zu müssen, und folglich das mündliche Verfahren in appellatorio erst in Hinsicht des Appellaten eintreten zu dürfen, wenn der Appellationsbericht beantwortet sei.

3) Dem Appellaten würde dasselbe Präjudiz zweimal gesetzt werden müssen; denn, wenn er in dem Termine zur Beantwortung des Appellationsberichts nicht erscheint, gehe das im §. 45. des Gesetzes ausgesprochene Präjudiz in Erfüllung, und in der Vorladung zu dem mündlichen Termine würde ihm nach §. 49. dasselbe Präjudiz noch einmal gesetzt werden müssen. Wenn in diesem letzteren §. gesagt sei:

> daß die Thatsachen, denen noch nicht ausdrücklich widersprochen worden, für zugestanden erachtet werden sollen, —

so scheine auch hierin zu liegen, daß schon eine Beantwortung des Appellationsberichts statt gefunden haben müsse.

4) Der nicht erschienene Appellat könne nicht befragt werden, ob er auf mündliche Verhandlung verzichte. Eine solche Befragung sei im §. 31. der Instruktion in erster Instanz ausdrücklich vorgeschrieben, und in zweiter Instanz eben so zweckmäßig. Der nicht erschienene Appellat scheine kein Recht auf mündliche Verhandlung mehr zu haben, da dieses Recht nach §. 46. des Gesetzes ausdrücklich nur dem Appellanten eingeräumt sei, wenn er die Appellation gerechtfertigt habe und nun in dem Termin zur Beantwortung des Appellationsberichts nicht erscheine.

Für die bejahende Beantwortung jener Frage wird dagegen angeführt:

1) Das mündliche Verfahren sei legal, und müsse nach §. 49. immer eintreten, wenn beide Theile nicht darauf verzichtet hätten.

2) In Hinsicht des Appellanten, wenn er in dem Termine zur Rechtfertigung der Appellation nicht erscheine, sei §. 42. deutlich ausgesprochen, daß ein Verfahren überhaupt nicht weiter statt finden solle. In Hinsicht des Appellaten, wenn er in dem Termine zur Beantwortung des Appellationsberichts nicht erscheint, fehle es an einer solchen Bestimmung, und es müsse daher bei der Regel verbleiben.

3) Die Verhandlungen erster Instanz und der Appellationsbericht könnten außer den neuen Thatsachen und Beweismitteln noch viele Rechtsmomente bieten, welche Gegenstände der mündlichen Verhandlung sein könnten.

Zur Beobachtung eines gleichmäßigen Verfahrens erlaube ich mir, obige Frage Euer Excellenz zur hohen Entscheidung vorzulegen.

Hamm, den 28. April 1835.

Präsidium des Oberlandesgerichts.

b. Dem Präsidium des Königl. Oberlandesgerichts wird auf den Bericht vom 28. v. M. eröffnet, daß der Justizminister die bejahende Beantwortung der aufgeworfenen Frage:

> ob in zweiter Instanz das mündliche Verfahren auch dann eintreten müsse, wenn der Appellat in dem Termine zur Beantwortung des Appellationsberichts nicht erschienen ist, und der Appellant auf das mündliche Verfahren verzichtet hat?

für richtig erachten kann.

Dies ergiebt sich nicht nur aus den dafür angeführten Gründen und aus der Bestimmung des §. 48. der Instruktion vom 24. Juli 1833. (Jahrb. Bd. 41. S. 456.)

> wonach die Sache vor dem Appellationsrichter im Wege des mündlichen Verfahrens erörtert werden muß, sobald der Rechtsstreit im Termine zur Beantwortung der Appellation nicht verglichen ist, und beide Theile nicht darauf antragen, daß die Akten ohne Weiteres zum schriftlichen Vortrag distribuirt werden,

sondern es erhellet solches auch durch eine Zusammenstellung der einzelnen Fälle, die hier eintreten können.

Bleibt nämlich der Appellant in dem zur Beantwortung der Appellation anberaumten Termine aus, so muß der ihm gestellten Verwarnung gemäß die mündliche Verhandlung erfolgen. (§. 46. der Verordnung vom 1. Juni 1833.) Dasselbe muß geschehen, wenn beide Theile ausbleiben, da alsdann der Verzicht auf das mündliche Verfahren nicht möglich ist. (§. 48. a. a. O.) Wenn nun der Appellat in dem zur Beantwotung der Appellation angesetzten Termine nicht erscheint, so kommt die Sache ganz in dieselbe Lage, als wenn er erscheint, die vom Appellanten angeführten neueren Thatsachen zugesteht, die vorgelegten Urkunden anerkennt (§. 45. a. a. O.), einen Verzicht auf die mündliche Verhandlung aber nicht ausspricht. So wenig in diesem Falle auf die Entsagung des Appellanten das mündliche Verfahren ausgesetzt werden darf, eben so wenig kann dies geschehen, wenn der Appellat in dem Termine zur Beantwortung der Appellation ausbleibt, da der Verlust der mündlichen Verhandlung als Folge des Nichterscheinens nicht angedrohet ist. Jeder Zweifel hiegegen beseitiget sich dadurch, daß der Appellationsrichter, da der Appellat zwar die Einwendungen gegen die vom Appellanten angegebenen Beweismittel verliert (§. 45. l. c.), diese selbst aber eruirt werden müssen, das Beweisresolut, falls eine Beweisaufnahme erforderlich ist, abzufassen hat, was eine mündliche Verhandlung voraussetzt.

Die Analogie des §. 18. a. a. O. kann hiegegen nicht geltend gemacht werden, weil die Folgen des Ungehorsams beim Ausbleiben im Klagebeantwortungstermine mit denen, welche beim Nichterscheinen im Termine zur Beantwortung der Appellation eintreten, nicht identisch sind.

Auch ist das Präjudiz im §. 49. dem im §. 45. angedroheten nicht ganz gleich.

Wenn endlich darauf Gewicht gelegt ist, daß der nicht erschienene Appellat nicht befragt werden könne, ob er auf die mündliche Verhandlung verzichte, so ist dagegen zu bemerken, daß diese Befragung in zweiter Instanz überhaupt nicht vorgeschrieben ist. Berlin, den 6. Mai 1835.

(v. K. Jahrb. Bd. 45. S. 457.)

3) **Reseript** vom 29. Juni 1835, betr. die Verzichtleistung auf die mündliche Verhandlung und die Unzulässigkeit dieser Verzichtleistung, wenn eine Beweisaufnahme erfolgt; s. zu §. 20. der Verordnung.

4) a. **Reseript** vom 10. April 1834, betr. die Kompetenz zur Abfassung des Appellations-Erkenntnisses, wenn auf die mündliche Verhandlung verzichtet ist; s. zu §. 42. der Verordnung.

b. **Reseript** vom 20. Februar 1836, betr. die Abfassung des Erkenntnisses zweiter Instanz, wenn auf die mündliche Verhandlung verzichtet und eine Beweisaufnahme erfolgt ist.

Dem Oberappellations-Senat des Königl. Kammergerichts wird auf die Anfrage vom 6. d. M.

in Betreff der Verordnung über den Mandats-, den summarischen und den Bagatell-Prozeß vom 1. Juni 1833,

hierdurch eröffnet, wie es allerdings richtig ist, daß — wenn nach abgehaltenem Termine zur Beantwortung des Appellations-Berichts von den Parteien auf Verlegung der Akten zur Abfassung des Erkenntnisses ohne ferneres mündliches Verfahren angetragen wird, — die Akten bei dem Kollegium zum Spruch distribuirt werden müssen.

Dabei kann es sich freilich auch ereignen, daß eine bis dahin ausgesetzte Beweisaufnahme für nothwendig erachtet wird, welche der Deputation für das mündliche Verfahren, wenn diese darüber zu entscheiden gehabt hätte, nicht erheblich geschienen haben möchte. Aus dieser Verschiedenheit der Ansichten kann aber kein Konflikt zwischen den verschiedenen Verfahren entstehen. Wenn das Kollegium die Beweisaufnahme für nothwendig erachtet und in dem erlassenen Resolut angeordnet hat, muß auch mit Aufnahme der Beweismittel verfahren, und zu dem Ende ein Kommissarius nach §. 30 ff. der Verordnung vom 1. Juni 1833 ernannt werden. Die Frage, ob der Beweis erheblich ist, oder nicht, kommt vor der Aufnahme desselben bei der Deputation nicht zur Beurtheilung, da diese nur zusammentritt, wenn das mündliche Verfahren eintritt, letztere aber erst erfolgt, wenn der Beweis aufgenommen ist. Dann versteht es sich aber auch von selbst, daß der erkennende Richter durch das ergangene Beweisresolut weder beschränkt, noch daran gebunden ist. Wenn also die Deputation bei Erlassung des Erkenntnisses der Ansicht ist, daß es auf den Beweis nicht ankommt, oder wenn die Frage über die Erheblichkeit des Beweises noch vor dessen Aufnahme vor der Deputation zur Beurtheilung gezogen wird: so entscheidet diese selbstständig, ohne sich durch jenes Resolut, welches keine andere Wirkung als ein sonstiges Dekret äußert, binden zu lassen.

(v. K. Jahrb. Bd. 46. S. 313.)

§. 49.

Außer diesem Falle werden die Parteien zur mündlichen Verhandlung unter der Verwarnung vorgeladen, daß, im Falle beide Parteien nicht erscheinen, auf die Akten, wie sie liegen, erkannt, im Falle aber nur eine der Parteien nicht erscheint, das Kontumazialverfahren dahin stattfinden würde, daß alle von dem Nichterschienenen in zweiter Instanz vorgebrachte, streitige, mit schriftlichen Beweisen nicht unterstützte Thatsachen für nicht angeführt erachtet, und alle von dem Gegentheile angeführte Thatsachen, denen noch nicht ausdrücklich widersprochen worden, für zugestanden, so wie die vom Gegentheil beigebrachten Urkunden für anerkannt angesehen werden sollen.

Gleichzeitig wird ein Referent ernannt, welcher in der Sitzung dem Vortrage der Parteien eine schriftliche Darstellung der bisherigen Verhandlungen voranschickt.

§. 49. Bei den Vorladungen zum mündlichen Verfahren sind die Vorschriften des §. 33. der Verordnung zu beobachten.

Rescript vom 4. März 1837, betr. die Nothwendigkeit des schriftlichen Vortrags des Referenten in appellatorio.

Dem (Tit.) wird auf die Anfrage vom 18. v. M.,
die Auslegung des §. 49. der Verordnung vom 1. Juni 1833 betreffend,
hierdurch Folgendes eröffnet:

Wenn der §. 49. a. a. O. bestimmt, daß bei dem Verfahren in zweiter Instanz ein Referent ernannt werden soll, welcher in der Sitzung dem Vortrage der Parteien eine schriftliche Darstellung der bisherigen Verhandlungen voranschickt, so ist damit allerdings gemeint, daß auch der Vortrag des Referenten kein mündlicher, sondern ein schriftlicher sein soll.

Der Justizminister trägt Bedenken, eine Abweichung hiervon zu gestatten, zumal es, um den beabsichtigten Zweck der größeren Kürze und Deutlichkeit zu erreichen, nur darauf ankommt

daß der schriftliche Vortrag so geordnet wird, wie ein guter mündlicher Vortrag eingerichtet werden muß, und der Vortragende sich gewöhnt, so zu lesen, daß der Zuhörer die Präzision und Deutlichkeit eines mündlichen Vortrags nicht vermißt.

(Act. des Justizm. L. R. Nr. 35. Vol. VIII. fol. 19 g.)

§. 50.

Wird von beiden Theilen appellirt, so ist über beide Appellationen gleichzeitig zu verhandeln, und darüber in einem Urtheil zu erkennen.

§. 51.

Die Ausfertigungen des Erkenntnisses sind mit den Akten dem Gerichte erster Instanz zur ungesäumten Insinuation an die Parteien zuzufertigen.

1) **Rescript** vom 3. August 1833, zur Erläuterung der Verordnung vom 1. Juni 1833. (extraktweise.)

(Zu §. 51.) Die Publikation des Appellationserkenntnisses erfolgt in der Ge-

richtssitzung des Gerichts, welches in Appellatorio erkannt hat. Nur die Insinuation der Erkenntnisse hat der Richter erster Instanz zu besorgen.
(v. K. Jahrb Bd. 41. S. 459.)

2) **Rescript** vom 29. Mai 1835 nebst Bericht, betr. die Kompetenz zur Abnahme eines in zweiter Instanz erkannten Eides und Abfassung der Purifikations-Resolution.

Von der Deputation zur Entscheidung der summarischen Prozesse in zweiter Instanz ist in einer solchen Sache auf einen Eid erkannt. Acta sind darauf an das auswärtige Gericht erster Instanz mit den Urtelsausfertigungen remittirt, und ist dasselbe zugleich angewiesen, den erkannten Eid abzunehmen und die Purifikations-Resolution abzufassen.

Dieses Gericht hält weder zur Abnahme des Eides, noch zur Abfassung der Purifikations-Resolution sich befugt, und hat uns seine Bedenken vorgetragen, was, da allerdings keine ausdrückliche Bestimmung darüber, daß die Abnahme des erkannten Eides und die Abfassung der Purifikations-Resolution jedesmal vom Richter erster Instanz erfolgen solle, vorhanden, uns zu diesem gehorsamsten Berichte veranlaßt.

Nach der A. G. O. wird zur Abfassung der Purifikations Resolution und vorgängigen Abnahme des Eides das Gericht für kompetent anzusehen sein, welches die Instanz, in welcher auf den Eid erkannt wird, instruirt hat. Im summarischen Prozesse scheint aber nach diesem Grundsatze in zweiter Instanz nicht verfahren werden zu können. Das Verfahren in appellatorio vor dem Richter erster Instanz schließt mit der Beantwortung des Appellationsberichts; die weitere Verhandlung ist dem Termin zum mündlichen Verfahren vorbehalten. (Instruktion vom 24. Juli 1833. § 45.); auch sollen die Funktionen der Deputation erster Instanz mit der Abfassung des Erkenntnisses eigentlich aufhören.

Allein dessen ungeachtet sind wir der ohnmaßgeblichen Meinung, daß in den summarischen Prozessen die Abnahme der erkannten Eide und die Abfassung der darauf sofort auszusprechenden Purifikatoria nur von der Deputation erster Instanz, jedesmal also auch wenn erst in zweiter Instanz auf den Eid erkannt ist, geschehen dürfte. Denn

1) mit der Abfassung des Erkenntnisses endigt sich völlig das Geschäft der Deputation für die zweite Instanz; nach der Verordnung vom 1. Juni 1833. §. 51. werden die Ausfertigungen des Erkenntnisses mit den Akten dem Gerichte erster Instanz zugeschickt.
2) Die Eide — ohne daß ein Unterschied statt finden kann, ob es ein deferirter, über dessen Erheblichkeit kein Streit, oder ob es ein solcher, welcher im Erkenntnisse bestimmt ist — sollen jedesmal in der Gerichtssitzung der Deputation abgeleistet werden. — (Verordnung §§. 31. 32. Instruktion §. 40.)

Also vor einer Deputation, entweder der der ersten oder der der zweiten Instanz, muß die Eidesleistung geschehen. Wenn aber mit der Abfassung des Appellations-Erkenntnisses sich die Geschäfte der Deputation zweiter Instanz völlig endigen, so wird nur die der ersten Instanz der Abnahme des Eides sich unterziehen können.

Dazu würde sie auch beauftragt werden können, und Acta könnten an den Appellationsrichter remittirt werden, um die Purifikations-Resolution abzufassen; allein dies wäre eine ganz unnöthige Weitläuftigkeit, und scheint es mehr im Sinne der Verordnung und der Instruktion über die summarischen Prozesse zu sein, wenn sofort nachdem der Eid geleistet oder abgelehnt ist, die Folgen nach der Bestimmung des Appellations-Erkenntnisses ausgesprochen werden.

Und eben so wie es zu den Geschäften der Deputationen erster Instanz gehört, die Agnitions-Resolutionen abzufassen (Instruktion §. 35.), könnte ihnen auch die Abfassung der Purifikations-Resolution übertragen werden, da doch der Geschäftskreis des Appellations-Richters sich mit dem Erkenntnisse schließt. Dafür endlich, daß nicht immer der Richter, welcher auf den Eid erkannt hat, die Eidesabnahme und die Abfassung der Purifikations-Resolution veranlassen kann, sprechen auch noch zwei Fälle. Wenn nämlich in zweiter Instanz das mündliche Verfahren abgelehnt wird, und das Plenum des zweiten Senats das Erkenntniß abfaßt und in diesem auf einen Eid erkennt, und wenn der Revisions-Richter in den zur dritten Instanz geeigneten summarischen Sachen einen Eid auferlegt, in diesen Fällen kann verfassungsmäßig von den bloßen Spruchbehörden die Purifikations-Resolution nicht, noch weniger die Abnahme des Eides, ertheilt und vorgenommen werden und der Richter erster Instanz (Deputation für die erste Instanz) hat diese Erkenntnisse zu erledigen.

Wir stellen daher Ew. Excellenz ganz gehorsamst anheim: hochgeneigtest zu bestimmen, daß im summarischen Prozesse jedesmal der Richter erster Instanz (die Deputation für die erste Instanz) die erkannten Eide abnehme und die Purifikations-Resolutionen abfasse.

Halberstadt, den 15. Mai 1835.

Auf den Bericht des Königl. Oberlandesgerichts vom 15. d. M. erklärt sich der Justizminister damit einverstanden, daß die Abnahme des Eides, auf welchen in zweiter Instanz von der Deputation zur Verhandlung und Entscheidung der summarischen Prozesse erkannt worden, so wie die Abfassung der Purifikatoria nicht zu deren Kompetenz, welche auf Abfassung und Zufertigung des Erkenntnisses beschränkt ist, gehört. Es ist nun zwar auch nicht anzunehmen, daß beides der nach §. 73. der Verordnung vom 1. Juni 1833 zu den Verhandlungen erster Instanz zusammengetretenen Deputation nothwendig jedesmal zukomme, da die hierfür allegirten §§. 31. und 32. der Verordnung, so wie der §. 40. der Instruktion lediglich von den durch ein Beweisresolut erkannten oder festgesetzten Eiden handeln. Indeß ist es jedenfalls doch zweckmäßig, daß die Abnahme des von der Deputation in zweiter Instanz erkannten Eides in der Sitzung der Deputation erster Instanz veranlaßt wird, und sonach in allen summarischen Prozeßsachen das Gericht erster Instanz die Purifikatoria erläßt.

Berlin, den 29. Mai 1835.

(v. K. Jahrb. Bd. 45. S. 464.)

§. 52.

Befindet sich das Gericht erster und zweiter Instanz an dem nämlichen Orte, so dürfen die Bevollmächtigten erster Instanz auch bei dem Appellationsgerichte für ihre Machtgeber auftreten.

§. 53.

Insoweit für das Verfahren zweiter Instanz nicht besondere Vorschriften ertheilt worden sind, sollen hierbei die für die erste Instanz gegebenen Bestimmungen zur Richtschnur genommen werden.

§. 54.

Dritte Instanz.

In Ansehung des Verfahrens in dritter Instanz bleibt es bei den gesetzlichen Vorschriften.

Vergl. **Verordnung** vom 14. Dezbr. 1833, über das Rechtsmittel der Revision und Nichtigkeitsbeschwerde, §. 1—3., wonach die Revision nur zulässig ist:

a. wenn die Beschwerde Familien- oder Standesverhältnisse, Ehrenrechte, Ehegelöbnisse oder Ehesachen betrifft;

b. wenn die beiden ersten Erkenntnisse ganz oder zum Theil verschieden sind, und wenn zugleich der dieser Verschiedenheit unterliegende Gegenstand der Beschwerde über Fünfhundert Thaler beträgt, oder in Gelde nicht abzuschätzen ist;

ausgeschlossen von der Revision jedoch sind Schwängerungssachen und die darauf gegründeten Alimentenforderungen, Provokationen auf die Cessio bonorum, die A. G. O. I. 42. §. 34—41. bezeichneten Bausachen, und die A. L. R. I. 22. §. 55—79. genannten Grundgerechtigkeiten, sowie alle diejenigen Fälle, in welchen die Prozeßordnung oder besondere Gesetze solche nicht gestatten; desgl. §. 4. in Betreff der Zulässigkeit der Nichtigkeitsbeschwerde.

(G. S. de 1833. S. 302.) s. A. G. O. Thl. I. Tit. 15 und 16.

In Betreff der Frist zur Einlegung der Rechtsmittel s. zu §. 40. der Verordnung.

§. 55.

Adzitation und Litisdenunziation.

Adzitationsgesuche und Litisdenunziationen sind vom Kläger gleichzeitig mit der Klage, vom Verklagten aber gleichzeitig mit der Klagebeantwortung, anzubringen, und in der Folge nur insoweit zulässig, als die Veranlassung dazu sich erst später ergiebt.

§. 56.

Die Fristen zur Vorladung des Adzitaten und Litisdenunziaten sind nach Vorschrift des §. 9. zu bestimmen.

§. 57.

Das Adzitationsgesuch und die Litisdenunziation kann auch in zweiter Instanz, jedoch nur gleichzeitig mit der Appellationsrechtfertigung oder Beantwortung derselben angebracht werden.

(Zum §. 55 bis 57.)

§. 50. Ist die Adzitation und Litisdenunziation
in erster Instanz vor der Abhaltung des Termins zur Klagebeantwortung, und
in zweiter Instanz vor der Abhaltung des Termins zur Beantwortung des Appellationsgesuchs
angebracht worden, so ist der Adzitat oder Litisdenunziat noch zu diesen Terminen, sonst nur zu dem mündlichen Verfahren mit vorzuladen.

§. 58.

Akzessorische Intervention.

Akzessorische Interventionen sind nur so weit zulässig, als der Gang der Hauptsache dadurch nicht aufgehalten wird.

§. 59.

Rekonvention.

Die uneigentliche Rekonvention ist spätestens mit der Beantwortung der Klage anzubringen. Eignet sich dieselbe zur Verhandlung im summarischen Prozesse nicht, so sollen Klage und Widerklage zum ordentlichen Prozesse verwiesen werden. Eignen beide aber sich zum summarischen Prozesse, so ist die Rekonvention dem Kläger zur Beantwortung nach §§. 8 und 9. abschriftlich mitzutheilen, und darauf nach erfolgter Beantwortung, oder nach Ablauf der Frist, nach Vorschrift des §. 18. u. ff. zu verfahren.

Siehe Zusatz zum §. 14. (§. 30. der Instruktion.)

Zweiter Abschnitt.

Vom Verfahren bei Gerichten, welche kein Kollegium bilden.

§. 60.

Die Vorschriften des ersten Abschnitts, so weit sie kein Kollegium voraussetzen, finden auch bei denjenigen Gerichten, welche nur mit einem oder zwei Richtern besetzt sind, Anwendung, insofern nicht der gegenwärtige Abschnitt abändernde Bestimmungen enthält.

Rescript vom 20. November 1834, nebst Instruktion, betr. die Kompetenz der Gerichts-Kommissionen in summarischen Prozessen; s. zur Einleitung der Verordnung und §. 1. der Instruktion.

(Zum zweiten Abschnitt.)

§. 51. Der wesentliche Unterschied zwischen dem Verfahren bei Gerichten, welche ein Kollegium bilden, und welche kein Kollegium bilden, ist der,

daß bei den letztern keine besonderen Termine zur Klage-Beantwortung und zur mündlichen Verhandlung statt finden, der auf die Klage anzuberaumende Termin vielmehr beide Geschäfte bezweckt,

daß das aufzunehmende Protokoll den ganzen Hergang, jedoch nur im Resultate so darzustellen hat, daß diese Verhandlung den historischen Theil des abzufassenden Erkenntnisses bildet, und

daß die Termine von dem Richter selbst, oder doch unter seiner unmittelbaren Aufsicht abzuhalten sind, wobei er das Protokoll zu unterzeichnen und das §. 25. dieser Instruktion vorgeschriebene Attest darauf zu vermerken hat.

§. 61.

Auf die Klage wird ein Termin zur Beantwortung derselben und zur weiteren mündlichen Verhandlung anberaumt, wozu beide Parteien, der Verklagte unter abschriftlicher Mittheilung der Klage, vorgeladen werden.

§. 52. Die zu erlassenden Vorladungen sind in der §. 23. dieser Instruktion bezeichneten Form abzufassen, mit folgenden Abänderungen:

1) die Aufschrift erhält den Zusatz:
........zur Klagebeantwortung und zum weiteren Verfahren;

2) die Urkunden müssen im Original nicht in Abschrift eingereicht werden, die Worte „oder in Abschrift" fallen daher weg;

bei der Vorladung des Klägers ist außerdem

3) die unter c. beigefügte Aufforderung wegzulassen, und

4) die zu d. bezeichnete Androhung dahin abzuändern:
„daß, wenn er nicht zu der bestimmten Stunde erscheine, oder ꝛc."

1) a. **Rescript** vom 9. Mai 1834, daß das Präjudiz des Kontumazial-Verfahrens bei der Vorladung zur Klagebeantwortung und zum weiteren Verfahren auch im summarischen Prozesse bei nicht kollegialisch formirten Gerichten und in Bagatellsachen an das Richterscheinen zu einer bestimmten Stunde geknüpft werden kann.

Dem Königlichen Ober-Landesgericht gereicht auf das in dem Berichte vom 25sten v. M. aufgestellte Bedenken,

wegen Anwendung des §. 60. der Verordnung vom 1. Juni v. J. und des §. 52. der Instruktion vom 24. Juli ejusd. a.
zum Bescheide, daß der Justiz-Minister der Ansicht derjenigen Mitglieder des Kollegiums beitritt, welche es für zulässig halten, auch bei der Vorladung des Verklagten zur Klagebeantwortung und zum mündlichen Verfahren bei nicht kollegialisch formirten Gerichten, so wie in Bagatellsachen überhaupt das Präjudiz des Kontumazial-Verfahrens an das Richterscheinen zu einer bestimmten Stunde zu knüpfen.

Offenbar ist es ganz undenkbar, daß die Parteien zur Klagebeantwortung und zur mündlichen Verhandlung in derselben Sache zu verschiedenen Stunden, z. B. der Kläger um 9 und der Verklagte um 12 Uhr vorgeladen werden; dies würde aber der Fall sein, wenn die Kontumazialzeit gegen den erstern um 9 Uhr, und gegen den letztern erst um 12 Uhr einträte.

(v. K. Jhrb. Bd. 43. S. 527.)

b. **Rescript** vom 24. November 1836 (zu 1.), denselben Gegenstand betreffend.

Die Ansicht, daß in dem Termine zur Klagebeantwortung und zum weiteren mündlichen Verfahren bei Bagatellsachen der Kontumazial-Antrag schon dadurch begründet ist, wenn der Gegner zur bestimmten Stunde, des erfolgten Aufrufs ungeachtet, sich nicht meldet, ist unbedenklich die allein richtige, und nicht bekannt, daß irgend ein Gericht darüber jetzt noch zweifelhaft wäre.

(v. K. Jhrb. Bd 48. S. 449.)

c. S. auch **C. O.** vom 18. Oktober 1837, zu §. 12. der Verordnung.

2) **Rescript** vom 29. Juni 1834 (zu 1.), betreffend die Zulässigkeit der mündlichen Vorladung des Klägers zum Klagebeantwortungs-Termin.

Auf die Anfragen in dem Berichte vom 17ten d. M.,
die Verordnung vom 1. Juni 1833 betreffend,
wird dem Königl. Hofgericht Folgendes hiermit eröffnet:

Beim ersten Punkte findet es der Justiz-Minister unbedenklich, daß die besondere schriftliche Vorladung eines Klägers zum ersten oder Klagebeantwortungs-Termine auch in den nach der Verordnung vom 1. Juni pr. zu behandelnden Sachen unterbleiben kann, wenn derselbe nach erfolgter Klageaufnahme durch den Richter mündlich zum Klagebeantwortungs-Termine beschieden, über das, was er zu thun habe, so wie über die Folgen des Ausbleibens bedeutet worden ist, und das hierüber aufgenommene Protokoll vollzogen hat.

(v. K. Jhrb. Bd. 43. S. 531.)

§. 62.

Nach beendigter mündlicher Verhandlung ist ein Protokoll aufzunehmen, welches das Sachverhältniß, die Streitpunkte und die Anträge der Parteien nur im Resultate enthält. Dieses Protokoll wird den Parteien, welche dabei mit ihren Erinnerungen zu hören sind, vorgelesen und zur Unterschrift vorgelegt. Wollen oder können sie nicht unterschreiben, so ist dies am Schlusse des Protokolls zu bemerken.

§. 63.

Nach dem Schlusse des Protokolls ist unter demselben wegen Aufnahme des Beweises das Erforderliche sofort zu verfügen. Bedarf es keiner Beweis-Aufnahme, so ist das Erkenntniß in der Regel unter das Protokoll niederzuschreiben und mit diesem auszufertigen.

1) a. **Rescript** vom 8. September 1834, betreffend die Abfassung der Protokolle und der Erkenntnisse und die anderweitige Vorladung in summarischen Prozessen bei Gerichten, welche kein Kollegium bilden, und in Bagatellsachen.

Auf den Bericht vom 27sten v. M., dessen Anlage so wie die eingereichten Akten in Sachen H. wider D. hierbei zurückerfolgen, wird dem Königl. Gerichtsamte zum Bescheide ertheilt: daß, was den ersten Theil der erhobenen Beschwerde anbetrifft, der Justiz-Minister die Verfügungen des Königl. Ober-Landesgerichts zu Glogau vom 4. Juli und 23. August d. J. billigt, in so weit als darin dasselbe verlangt:

1) daß auch in den Protokollen über die, nach dem zweiten Abschnitt Titel 2. und Titel 3. der Verordnung vom 1. Juni v. J. zu behandelnden Bagatellsachen, der Gegenstand des Rechtsstreits angegeben werde;

2) daß bei der mündlichen Vorladung zu einem anderweitigen Termine, die Parteien auch mündlich eben so zu verwarnen seien, wie es bei einer schriftlichen Vorladung geschehen sein würde; und

3) daß das nach §. 62. der Verordnung aufzunehmende Protokoll, vor Abfassung und Niederschreibung des Erkenntnisses nach §. 64. abgeschlossen und den Parteien zur Unterschrift vorgelegt werden müsse.

Diese Anordnungen findet der Justiz-Minister durch die von dem Königlichen Ober-Landesgericht angeführten Gründe hinlänglich motivirt und an sich zweckmäßig.

Dagegen ist

zu 1) die Vorschrift des §. 36. Nr. 1., betreffend die Aufzeichnung der Namen der anwesenden Gerichts-Mitglieder — eine Vorschrift, die sich zunächst auf §. 24. der Verordnung vom 14. Dezember v. J. bezieht — auf die Verhandlungen vor Gerichten, welche kein Kollegium bilden, allerdings an sich nicht anwendbar; es jedoch angemessen, daß auch bei diesen der Name des Richters und des Protokollführers in der Seitenrubrik des Protokolls gesetzt werde, damit gleich bei Ansicht des Protokolls ersehen werden kann, vor wem verhandelt ist;

zu 2) nicht nothwendig, daß die mündliche Verwarnung ausführlich registrirt werde, weil das Protokoll den ganzen Hergang nur im Resultate darzustellen hat (§. 51. der Instruktion vom 24. Juli v. J.); und

zu 3) muß es, bei Verhandlungen vor einem einzeln stehenden Richter, lediglich dem Ermessen desselben überlassen bleiben, ob er nach abgeschlossener Verhandlung bei Abfassung des Erkenntnisses die Parteien, um ungestört zu bleiben, oder aus andern lediglich zu seinem Ermessen verstellten Gründen einstweilen abtreten lassen, und demnächst Behufs Publikation der Entscheidung wieder hereinrufen, oder in ihrer Gegenwart das Erkenntniß selbst niederschreiben, oder dem Protokollführer in die Feder diktiren will. Der Theil des Protokolls, welcher das Erkenntniß und den Publikations-Vermerk enthält, bedarf indeß keinen Falls der Vollziehung durch die Parteien, wie das Königl. Gerichtsamt annimmt.

Bei dem zweiten Theil der Beschwerde ist der Justiz-Minister mit der Ansicht des Königl. Gerichtsamt, daß die Vorschrift § 70. der Verordnung:

„den Schriftsätzen ist eine Abschrift derselben für den Gegentheil beizufügen" allgemein anzuwenden, und nicht bloß auf Justiz-Kommissarien einzuschränken sei, aus den dafür angeführten Gründen einverstanden.

Von den Bestimmungen dieser Verfügung ist das Königliche Ober-Landesgericht zu Glogau in Kenntniß gesetzt worden.

(v. K. Jhrb. Bd. 44. S. 87.)

b. **Rescript** vom 1. August 1837 (extraktweise), betreffend die Abfassung der Protokolle in dem Termin zur Klagebeantwortung und zur weiteren Verhandlung.

Im Allgemeinen und für alle Fälle, wo die Klagebeantwortung von der mündlichen Verhandlung nicht getrennt statt findet, ist auch die in dieser Verfügung des Ober-Landesgerichts enthaltene Bemerkung richtig, daß das nach §. 51. der Instruktion vom 24. Juli 1833 aufzunehmende Protokoll nicht eine besondere Klagebeantwortung, sondern das ganze Sachverhältniß und den Erfolg der mündlichen Verhandlung nur im Resultate enthalten und so den historischen Theil des abzufassenden Erkenntnisses bilden muß.

(Act. des Justizm. L. R. No. 35. Vol. VIII. fol. 77 verso.)

2) **Rescript** vom 12. November 1835, betreffend die Anwendung des §. 74. des Anh. zur A. G. O. im summarischen Prozesse.

Dem (Tit.) wird auf die Anfrage vom 7ten d. M.

wegen Anwendung des §. 74. des Anhanges zur A. G. O. im summarischen Prozeß,

hierdurch eröffnet, daß der Justiz-Minister die, dem Gericht in Sachen der verehelichten M. wider den Ackersmann A. unterm 30. März und 18. Mai d. J. ertheilten Bescheidungen in sofern gerechtfertigt findet, als darin gesagt ist, daß auch bei den im summarischen Verfahren nach §. 62. der Verordnung vom 1. Juni 1833 aufzunehmenden und der Partei zur Unterschrift vorzulegenden Protokollen der Richter die Parteien, wenn sie die Unterschrift verweigern, über die Gründe der Weigerung so befragen und ihre Erinnerungen beachten muß, wie dies auch im §. 74. des Anhanges zur A. G. O. für den ordentlichen Prozeß vorgeschrieben ist. Da aber §. 62 nur einen Vermerk darüber, ob die Parteien nicht unterschreiben wollen oder können, so wie überhaupt nur verlangt, daß das Protokoll das Resultat der Verhandlung und die Anträge der Parteien enthält, so bedarf es allerdings, wie das Gericht ausführt, nicht der Niederschreibung eines so weitläuftigen Vermerkes, als §. 74. des Anhanges vorschreibt, und das Protokoll hat volle Glaubwürdigkeit, wenn nur gesagt ist, worin im Wesentlichen etwanige Erinnerungen der Parteien bestanden haben, oder daß ohne Erinnerungen und Gründe die Unterschrift verweigert ist.

Daß die Zuziehung eines Unterschriftszeugen im summarischen Prozeß wegfällt, die Partei mag nicht schreiben können, oder nicht unterschreiben wollen, ist nach §. 62. a. a. O. klar, und das Kammergericht hat dies in der ertheilten Resolution auch nicht verlangt.

Gegen den Schlußantrag:

daß für den Unterschriftszeugen, welcher im ordentlichen Prozesse auf Grund des §. 74. des Anhanges zugezogen wird, die Gebühren, die nach dem Rescripte vom 2. Juni 1832 (Jhrb. Bd. 24. S. 308) einem Zeugen zum Schwörenschen zuzubilligen sind, von der weigernden Partei eingezogen werden können,

ist nichts zu erinnern.

(Act. des Justizm. L. R. No. 35. Vol. VI. fol. 131.)

§. 64.

Die Beweise können sogleich in dem ersten Termine aufgenommen, und Zeugen und Sachverständige, welche sich am Orte des Gerichts befinden, unverzüglich zur Gerichtsstelle beschieden werden.

Rescript vom 24. November 1836 (zu 3.), daß die Abnahme eines auferlegten Eides auch in summarischen Prozessen bei nicht kollegialisch formirten Gerichten und in Bagatell-Prozessen wenigstens 8 Tage ausgesetzt bleiben muß.

Auf Ihre Anfrage vom 5ten d. M. wegen Auslegung verschiedener Vorschriften der Verordnung vom 1. Juni und der Gebühren-Taxe vom 9. Oktober 1833 wird Ihnen hierdurch Folgendes eröffnet:

Zu 3. Die gesetzliche Bestimmung des §. 31. der Verordnung vom 1. Juni 1833 wonach der von einer Partei zu leistende Eid nicht früher als 8 Tage nach der Auferlegung desselben abgenommen werden soll, selbst wenn die Partei in der Sitzung anwesend wäre,

muß auch bei der Verhandlung vor dem einzeln stehenden Richter beobachtet werden. Es ist die Absicht dabei gewesen, Jedem der ein Interesse bei dem Ausgange des Prozesses hat, und einen Eid schwören soll, Zeit zur Ueberlegung und zur Prüfung zu lassen, ob er denselben auch mit gutem Gewissen zu leisten im Stande sei. Der §. 64 der Verordnung steht dem nicht entgegen.

(v. K. Jhrb. Bd. 48. S. 449.)

§. 65.

Die Appellation findet statt, wenn der Gegenstand der Beschwerde mehr als zwanzig Thaler ausmacht.

Vergl. Zusatz zu §. 40. (§. 43. der Instruktion.)

Dritter Titel.

Vom Verfahren in Bagatell-Sachen.

Bagatellprozeß, zu §. 66—69.

§. 53. Bagatell-Sachen sind diejenigen Sachen, deren Gegenstand nach Gelde zu schätzen ist, und den Werth von 50 Rthlr. nicht übersteigt.

Rescript vom 16. Mai 1837, daß eine Prozeßsache, deren Objekt in erster Instanz über 50 Rthlr. betragen hat, auch in zweiter Instanz nicht als Bagatellsache behandelt werden kann, wenn gleich der Gegenstand der Appellation nur 50 Rthlr. oder weniger beträgt.

Dem (Tit.) wird auf die Anfrage vom 8ten d. M. hierdurch eröffnet, daß eine Prozeßsache, deren Objekt in erster Instanz über 50 Rthlr. betragen hat, auch in zweiter Instanz nicht als Bagatellsache behandelt werden darf, wenn gleich der, in zweiter Instanz vorliegende Streitpunkt nur 50 Rthlr. oder weniger werth ist.

Eben so ist es nach der bestehenden Gesetzgebung ganz richtig, daß ein Prozeß, welcher sich von Anfang an nicht zum Verfahren nach der Verordnung vom 1. Juni 1833 geeignet hat, ohne Antrag der Parteien auch in einer folgenden Instanz nicht nach den Bestimmungen derselben behandelt werden darf.

(Act. des Justizm. L. R. Nr. 35. Vol. VIII. fol. 51.)

§. 66.

In Bagatellsachen soll bei allen Gerichten nach den Vorschriften des zweiten Abschnitts zweiten Titels dieser Verordnung, in so weit der gegenwärtige Titel nicht Abweichungen vorschreibt, verfahren werden.

1) S. oben die Zusätze zu den §§. 61—64. der Verordnung.

2) **Rescript** vom 3. Februar 1837, betr. die Urtels-Publikation im Bagatellprozesse.

Mit Bezug auf das heute an das Präsidium in der Bagatellprozeßsache B. wider H. erlassene Rescript wird das Königl. Ober-Landesgericht hierdurch angewiesen, künftig darauf zu halten, daß in allen Bagatell-Prozeßsachen, in welchen nicht sofort im Instruktions-Termine das Erkenntniß publizirt wird, ein Termin nicht über acht Tage hinaus zur Publikation des Urtels anberaumt wird, wozu die Parteien sofort vor der Entlassung mündlich vorzuladen sind.

Berlin, den 3. Februar 1837.

Sämmtliche Gerichte haben sich nach der in vorstehendem Rescripte enthaltenen Anweisung zu achten.

Berlin, den 3. Februar 1837.

(Act. des Justizm. L. R. No 35. Vol. VIII. v. K. Jhrb. Bd. 49. S. 196.)

§. 67.

Bei den Gerichten, welche ein Kollegium bilden, sind einzelne Kommissarien zur Verhandlung und Entscheidung der Bagatellsachen zu ernennen.

§. 68.

In der ersten, an den Verklagten ergehenden, Vorladung ist zugleich zu bestimmen, was derselbe dem Kläger zu leisten hat, mit der Verwarnung, daß, falls die Klage in gehöriger Zeit nicht beantwortet werde, die erlassene Bestimmung gleich einem Kontumazial-Erkenntniß ohne Weiteres zur Vollstreckung gebracht werden würde.

§. 54. Die Vorladung der Parteien ist eben so abzufassen, wie im summarischen Prozeß bei Gerichten, welche kein Kollegium bilden. — Nur der Vorladung des Verklagten ist noch folgende Androhung beizufügen:

daß, wenn der Verklagte nicht erscheine, er für schuldig werde erachtet werden, dem Kläger die eingeklagte Summe von ꝛc. binnen vierzehn Tagen zu bezahlen, und daß dieselbe von ihm auf Andringen des letzteren exekutivisch beigetrieben werden würde.

1) a. **Rescript** vom 14. Juni 1834 nebst Formular zur Vorladung des Verklagten im Bagatellprozeß.

Dem Königl. Justizamt wird auf den,

in Betreff des verschiedenartigen Verfahrens der Gerichte im Bagatell-Prozesse

unterm 20sten v. M. erstatteten Bericht, das mit demselben eingereichte, hier abgeänderte Formular (Anl. A.) zur Vorladung des Verklagten zur Klagebeantwortung und zum weiteren mündlichen Verfahren, hierbei in Reinschrift zugefertigt, um sich darnach zu achten.

Sämmtliche Königliche Gerichte haben sich nach vorstehender Verfügung und ihrer Anlage ebenfalls zu achten.

Berlin. den 14. Juni 1834.

A.

Vorladung des Verklagten zur Klagebeantwortung und zum weiteren mündlichen Verfahren.

XIX.
ad No. . . .

Verordnung §. 66—69.
Instr. §. 54.

Bagatell-Prozeß.

In Sachen

de . . . . . .
wohnhaft zu . . . .

wider

d . . . . . .
wohnhaft zu . . . .
wegen . . . .

Aktenzeichen: Lit. . . No. . .

An
d . . . .

In de Anlage wird Ihnen die von dem . . . . wohnhaft zu . . . . wider Sie angebrachte . . . . . . Klage nebst Beilage in Abschrift mit der Auflage zugefertigt, in dem zur Klagebeantwortung und zur mündlichen Verhandlung der Sache auf den . . . ten . . . . . . mittags . . . Uhr an hiesiger Gerichtsstelle anberaumten Termine entweder in Person oder durch einen Bevollmächtigten aus der Zahl der bei dem Gerichte zur Prozeßpraxis berechtigten Anwälte die Klage vollständig zu beantworten, die Beweismittel bestimmt anzugeben, die Urkunden im Original einzureichen, und die etwa erforderlichen Editionsgesuche anzubringen, mit dem Bemerken, daß später auf neue Einreden, welche auf Thatsachen beruhen, im Laufe der Instanz keine weitere Rücksicht genommen werden wird.

Sollten Sie einen Stellvertreter bestellen, so muß derselbe den erhaltenen Auftrag im Termine selbst nachweisen, weil der Gegentheil nicht schuldig ist, sich mit einem unlegitimirten Stellvertreter einzulassen (§. 2. Nr. 15. Tit. 16. der Prozeßordnung). Wenn daher ein Bevollmächtigter für Sie ohne Vollmacht auftritt, so wird auf den Antrag des Gegners angenommen werden, daß Niemand für Sie erschienen sei. Haben Sie einen Stellvertreter angenommen, so muß derselbe die Klagebeantwortung schriftlich in zwei Exemplaren überreichen.

Wenn Sie zur bestimmten Stunde nicht erscheinen, oder sich nicht vollständig auf die Klage erklären, wenn der Stellvertreter den Auftrag nicht nachzuweisen vermag, oder die Klagebeantwortung nicht schriftlich überreicht, liegt Ihnen ob, dem Kläger die eingeklagte Summe von . . . . . . binnen 14 Tagen zu bezahlen, widrigenfalls die Exekution ohne Weiteres auf den Antrag desselben wider Sie verfügt werden wird.

Eine Verlegung des anstehenden Termins findet ohne Zustimmung des andern Theils nur einmal statt, und auch in diesem Falle nur dann, wenn die Hinderungs-Ursachen bescheinigt sind.

. . . . . , den . . . ten . . . . . . 18 . .

Königl. Preuß. . . . . . .

Beglaubigt:
N. N.

(v. K. Jhrb. Bd. 43. S. 528.)

b. **Rescript** vom 24. November 1836 (zu 2.), daß von der Vorladung des Verklagten in Bagatellsachen ein Konzept zu den Akten nicht erforderlich ist.

Zu 2 läßt sich nichts dagegen erinnern, wenn die Gerichte in Folge des Rescripts vom 7. Oktober 1833 (Jhrb. Bd. 43. S. 427.) von der Vorladung des Verklagten zur Klagebeantwortung in Bagatellsachen kein Konzept zu den Akten behalten.

Es kommt nur darauf an, daß über den Inhalt der Vorladung kein Zweifel obwalte, deshalb muß in den Akten vermerkt werden, welches Formular genommen und wie es ausgefüllt ist. Auch muß auf einer vollständigen Abschrift desselben (§. 38. Tit. 7. der Prozeßordnung und §. 56. des Anhanges) die erfolgte Insinuation attestirt, und wenn dieselbe durch einen Gerichtsboten bewirkt wird, der in der Instruktion zur Verordnung vom 1. Juni 1833 vorgeschriebene Bericht erstattet werden.

(v. K. Jhrb. Bd. 48. S. 449.)

2) **Rescript** vom 4. Oktober 1836, daß auch im Bagatellprozesse ein Verzeichniß der zur Verhandlung bestimmten Sachen drei Tage vor dem Termine an der Gerichtsstelle auszuhängen ist.

Dem Königl. Justizamte wird auf die Anfrage vom 30. Juli d. J. anliegend eine Abschrift des von dem Ober-Landesgericht zu Arnsberg unterm 13ten v. M. erstatteten Berichtes mit dem Eröffnen zugefertigt, wie der Justiz-Minister der Ausführung des Ober-Landesgerichtes dahin beitritt,

daß in Gefolge des §. 21. und §. 61. der Verordnung vom 1. Juni 1833 auch im Bagatellprozeß-Verfahren ein Verzeichniß der zur Verhandlung bestimmten Sachen drei Tage vor dem Termine an der Gerichtsstelle auszuhängen ist.

Das Königl. Justizamt hat sich daher nach der erhaltenen Anweisung des Ober-Landesgerichts zu achten.

(v. K. Jhrb. Bd. 48. S. 454.)

3) **Rescript** vom 14. August 1835, daß, wenn im Bagatellprozeß der Verklagte im Termine nicht erschienen ist, die Vorladung in die Kraft eines Kontumazial-Erkenntnisses übergeht, ohne daß es einer besonderen Benachrichtigung an den Verklagten bedarf, auf schriftliche Eingaben jedoch jederzeit Bescheid zu ertheilen ist.

Der Justiz-Minister ist mit der in dem Berichte des Königl. Ober-Landesgerichts vom 28sten v. M. entwickelten Ansicht dahin einverstanden, daß wenn gleich in Bagatellsachen nach §. 68. der Verordnung vom 1. Juni und §§. 54. 55. der Instruktion vom 24. Juli 1833 (Jhrb. Bd. 41. S. 458.) beim Nichterscheinen des Verklagten das mit der Vorladung verbundene Mandat in die Kraft eines Kontumazial-Erkenntnisses übergeht, ohne daß der Verklagte dieserhalb eine weitere schriftliche Benachrichtigung erhält, — es doch angemessen ist, den Verklagten auf eingehende schriftliche Gesuche und Vorstellungen, die nicht berücksichtigt werden können, jedesmal sogleich zu bescheiden, damit derselbe über die Wirkung solcher Eingaben nicht in Zweifel bleibt oder darin versetzt wird.

Einer besonderen Bestimmung bedarf es indeß hierüber nicht, da es schon die Geschäftsordnung und die allgemeine Pflicht des Richters mit sich bringt, daß auf jedes Gesuch ein Bescheid erfolgt, und selbst unförmliche Vorstellungen nach §. 442. des Anh. zur A. G. O. statt Bescheides wenigstens zurückgegeben werden müssen.

Was den speziellen Fall betrifft, welcher dem Kollegium zu dem Berichte Veranlassung gegeben hat: so mußte der zur Verhandlung und Entscheidung dieser Bagatellsachen bestellte Kommissarius, da der Verklagte im Termine nicht erschien, und nur seine Ehefrau, ohne durch Vollmacht oder Schreiben legitimirt zu sein, sich meldete, allerdings das Kontumazial-Verfahren eintreten lassen, und eine besondere Verfügung darüber an den Verklagten war nicht erforderlich. Er hatte aber die nicht legiti-

mirte Ehefrau hiernach sofort zu bedeuten, und dies zu den Akten zu vermerken. Daß letzterer Vermerk unterblieben, gereicht ihm zum Vorwurf, so wie er sich wegen der zwar erfolgten aber unrichtigen Bedeutung regreßpflichtig gemacht hat.
(v. K. Jhrb. Bd. 46. S. 121.)

4) **Rescript** vom 27. April 1836, betr. die Nothwendigkeit des persönlichen Erscheinens der Parteien oder ihres Stellvertreters im Klagebeantwortungs-Termine, wenn auch eine schriftliche Klagebeantwortung eingereicht ist; s zu §. 12.

5) **Rescript** vom 25. November 1835, daß die im Bagatellprozesse erlassene Vorladung des Verklagten nur bei richtig erfolgter Insinuation die Kraft des Kontumazial-Erkenntnisses erlangt.

Dem Königl. Kammergericht wird auf den über die Beschwerde des Justizraths Bode, in der Prozeßsache der verehelichten L. wider die Banquier T.schen Eheleute, erstatteten Bericht vom 16ten d. M. hierdurch eröffnet, daß der Justiz-Minister die in diesem Bericht entwickelte Ansicht des Kollegiums nicht theilen kann, sich vielmehr dafür entscheiden muß:

daß die im Bagatellprozesse erlassene Vorladung des Verklagten die Kraft eines Kontumazial-Erkenntnisses nicht erlangt, sobald deren Insinuation nicht richtig erfolgt ist.

Die Verordnung vom 1. Juni 1833 §§. 68. 69. und die Instruktion vom 24. Juli desselben Jahres §. 55. (Jhrb. Bd. 41. S. 458.) knüpfen nur an bestimmte Thatsachen, an eine an den Verklagten ergehende (d. h., ihm vorschriftsmäßig zu insinuirende) Vorladung, und an das Ausbleiben des vorgeladenen Verklagten die Wirkungen eines Erkenntnisses: es kann daher in Ermangelung einer wirklich erfolgten ordnungsmäßigen Vorladung auch die rechtliche Wirkung derselben nicht eintreten. Das mit der Vorladung verbundene Mandat geht in die Kraft eines Erkenntnisses über, wenn der zu einem Termine Vorgeladene nicht erscheint; es versteht sich also von selbst, daß der Vorzuladende das Mandat vor dem Terminstage erhalten haben muß, wenn das Mandat Wirkungen äußern soll.

Wollte man das Gegentheil annehmen, so müßte man auch in dem Falle das Kontumazial-Erkenntniß als ergangen ansehen, wenn die Vorladung an den Verklagten z. B. verfügt, aber gar nicht expedirt und nicht an den Boten ausgehändigt worden wäre, und der Deputirte, dies nicht bemerkend, in dem anberaumten Termine die Kontumazial-Anträge des Klägers aufgenommen, und solche für statthaft erachtend die Reposition der Akten angeordnet hätte.

Daß in einem solchen Falle das Kontumazial-Erkenntniß als ergangen angesehen werden könne, wird das Königliche Kammergericht selbst nicht behaupten wollen.

Geht hiernach aus den Akten hervor, daß die Vorladung gar nicht abgegangen oder unrichtig insinuirt ist, so kann auch nicht davon die Rede sein, daß sie wegen Ausbleibens des Verklagten in die Stelle eines Kontumazial-Erkenntnisses getreten sei. Gleichergestalt verhält es sich aber, wenn die Vorladung dem Verklagten nicht insinuirt ist, da sie alsdann für ihn rechtlich eben so wenig existirt, als wenn sie nicht expedirt worden wäre. Da nun im vorliegenden Falle kein Zweifel darüber obwaltet, daß die Vorladung den Banquier T.schen Eheleuten nicht insinuirt worden ist, so kann sie nicht als Kontumazial-Erkenntniß gegen sie angesehen werden. Die in Voraussetzung dessen vollstreckte Exekution muß daher aufgehoben, die ad depositum gezahlte Summe dem T. zurückerstattet, und die Sache dadurch reassumirt werden, daß eine anderweite Vorladung beider Theile erfolgt.

Hiernach hat das Königl. Kammergericht die erforderliche Anweisung an das hiesige Königl. Stadtgericht zu erlassen.
(v. K. Jhrb. Bd. 46. S 511.)

6) **Rescript** vom 23. Juni 1834 nebst Bericht, betreffend die Zeit der Zulässigkeit der Exekutions-Vollstreckung in Bagatellsachen, wenn das Kontumazial-Verfahren eingetreten ist.

Bericht des Ober-Landesgerichts zu Königsberg vom 12. Juni 1834 über die Ausführung der Verordnung vom 1. Juni v. J., und der Gebühren-Taxe vom 9. Oktbr. v. J.

Nach Vorschrift des Gesetzes vom 1. Juni v. J. §. 68. und der Instruktion vom 24. Juli pr. §. 54., soll der in Bagatellsachen an den Verklagten ergehenden Vorladung die Androhung beigefügt werden:

daß, wenn der Verklagte nicht erschiene, er für schuldig werde erachtet werden — dem Kläger die eingeklagte Summe von ꝛc. binnen 14 Tagen zu bezahlen, und daß dieselbe von ihm auf Andringen des letzteren exekutivisch beigetrieben werden würde.

Auf den Fall des Nichterscheinens des Verklagten in dem angesetzten Termine vertritt also die Vorladung die Stelle des Kontumazial-Urtels, und wir haben bis zum Erscheinen der Verordnung vom 14. Dezember v. J. kein Bedenken getragen, die dem Verklagten gestattete vierzehntägige Frist von dem Tage der ihm behändigten Vorladung, nicht aber von dem angestandenen Terminstage ab zu berechnen.

Seitdem aber die Verordnung vom 14. Dezbr. v. J. in Kraft getreten ist, sind bei uns darüber Bedenken entstanden:

1) binnen welcher Frist eine im Bagatell-Prozesse an den Verklagten erlassene, die Stelle eines Kontumazial-Urtels vertretende, Vorladung vollstreckt werden darf, ob binnen 14 Tagen, 6 Wochen oder binnen 8 Wochen a die insinuationis gerechnet.

Ein Theil des Kollegii glaubt bei den singulairen Vorschriften des Gesetzes vom 1. Juni pr. im §. 68. und der Instruktion vom 24. Juli pr. im §. 54. stehen bleiben zu müssen, und hält also die Exekution nach Ablauf der dem Verklagten gegönnten 14tägigen Frist zulässig — in so fern der Verklagte nicht schon früher (oder auch noch später, jedoch innerhalb der gesetzlichen Fristen) von dem ihm gegen das Kontumazial-Urtel zustehenden Rechtsmittel resp. der Restitution, der Appellation oder des Rekurses **wirklich** Gebrauch gemacht haben sollte — um so mehr, als es offenbar in der Absicht des Gesetzgebers gelegen habe — in so unbedeutenden und klaren Schuldsachen, in denen der Richter gleich bei der Vorladung bestimmt, was der Verklagte dem Kläger zu leisten schuldig sei, und wogegen der Verklagte rechtzeitig auch nichts eingewendet habe, einen ganz unverhältnißmäßigen Verschleif der Sache durch Bewilligung langer Fristen, abzuschneiden.

Ein anderer Theil des Kollegii nimmt dagegen an — daß, da die Vorladung an den Verklagten die Stelle eines Kontumazial-Urtels vertrete, aus demselben auch erst dann die Exekution vollstreckt werden dürfe, wenn es die Rechtskraft erlangt habe.

Die Rechtskraft erlange — nach Maaßgabe der Verordnung vom 14. Dezmbr. pr. — ein Kontumazial-Urtel aber nur erst sechs Wochen nach seiner Eröffnung an den Verklagten, und daher müsse nunmehr auch nicht mehr die dem Verklagten in der Vorladung gestattete 14tägige, sondern die sechswöchentliche Appellationsfrist abgewartet werden.

Dieser Meinung schließt sich ein dritter Theil des Kollegii — jedoch mit der Ausdehnung an — daß er die dem Verklagten in der Vorladung gestattete 14tägige Zahlungsfrist — damit sie nicht bedeutungslos sei — nicht in die längere Appellationsfrist einrechnen, sondern erst nach deren Ablauf — also von der Rechtskraft des Kontumazial-Urtels ab — dem Verklagten noch besonders zu gute kommen lassen will.

Welche dieser Meinungen die richtige sei? darum bitten Ew. Exzellenz wir um hochgeneigte Vorbescheidung, und verbinden damit auch noch die ganz gehorsamste Anfrage:

2) ob diejenigen Beamten, deren Einkommen ganz oder zum Theil auf Schreib-Gebühren angewiesen ist — nach den in der Allerh. K. O. vom 9. Okt. pr. (G. S. S. 109.) vorgeschriebenen Sätzen auch an denjenigen Pauschquantis Theil nehmen, welche nicht für den eigentlichen Prozeß, sondern für die Exekutions-Instanz zum Ansatz kommen;

und

3) ob die Justiz-Kommissarien in Bagatellsachen auch für die Exekutions-Instanz, gleich den Gerichten, besondere Pauschquanta fordern dürfen — cf. Gebühren-Taxe vom 9. Okt. 1833. Abschn. IV. Nr. 1. (G. S. S. 115.)

oder

ob sie sich in Bagatellsachen — außer den Prozeß-Pauschquantis für ihre etwanige Schreibereien in der Exekutions-Instanz mit Kopialien, Botenlohn rc. begnügen müssen?

Königsberg, den 12. Juni 1834.

Auf die Anfrage im Berichte vom 12ten d. M.,

betreffend die Ausführung der Verordnung vom 1. Juni v. J. und der Gebührentaxe vom 9. Oktbr. v. J.

wird dem Königl. Ober-Landesgericht Nachstehendes eröffnet.

ad 1. Der Justiz-Minister nimmt die **zweite** im Bericht bei diesem Punkte entwickelte Ansicht dahin als richtig an, daß

a) in solchen Bagatellsachen, worin das Rechtsmittel der Appellation statt findet, vor Vollstreckung der Exekution der Ablauf der sechswöchentlichen Apellationsfrist, welche von dem angestandenen Terminstage an berechnet wird, abzuwarten,

b) in solchen, wo der Verklagte nur das Rechtsmittel der Restitution hat, die Exekution gleich nach Ablauf der dem Verklagten nach §. 54. der Instruktion vergönnten, von demselben Tage ablaufenden Zahlungsfrist zu vollstrecken ist.

ad 2. entscheidet die Allerh. C. O. vom 9. Oktbr. pr. selbst, was das Königl. Ober-Landesgericht übersehen zu haben scheint.

ad 3. sind die Gebühren der Justiz-Kommissarien für die Geschäfte in der Exekutions-Instanz auch bei Objekten bis 50 Rthlr. nach der allgemeinen Gebühren-Taxe vom 25. August 1815 zu liquidiren und festzusetzen.

(v. K. Jhrb. Bd. 43. S. 533.)

§. 69.

Gegen diese die Stelle eines Kontumazial-Erkenntnisses vertretende Verfügung soll, im Falle die Sache nicht appellabel ist, die Restitution nach Vorschrift der §§. 38 und 39. dieser Verordnung, sonst aber nur die Appellation zugelassen werden.

§. 55. Ist das mit der Vorladung verbundene Mandat wegen Nichterscheinens des Verklagten in die Kraft eines Kontumazial-Erkenntnisses übergegangen; so sind dagegen nur die **§. 69.** benannten Rechtsmittel zulässig, d. h. bei Gegenständen von 20 Rthlr. und darunter nur das Rechtsmittel der Restitution, bei Gegenständen zwischen 20 bis 50 Rthlr. die Rechtsmittel der Restitution und der Appellation.

Ist der Verklagte aber erschienen, und daher ein förmliches Erkenntniß abgefaßt worden, so findet in Beziehung auf die dagegen zulässigen Rechtsmittel folgender Unterschied statt:

a) bei Gegenständen bis zu 20 Rthlr. einschließlich ist nur der Rekurs nach §. 18. Tit. 26. Prozeßordnung und Kabinetsorder vom 8. August 1832 zulässig, wenn ein Untergericht erkannt hatte.

b) bei Gegenständen zwischen 20 bis 50 Rthlr. ist die Appellation zulässig, sobald der Gegenstand der Beschwerde 20 Rthlr. übersteigt, wie dies im **§. 43.** dieser Instruktion bemerkt worden.

1) **C. O.** vom 17. Oktober 1833 Nr. 5., wonach die Restitution gegen ein Kontumazial-Erkenntniß auch bei Gegenständen zwischen 20 — 50 Rthlr. zuläsig; s. oben zu §. 1. der Verordnung.

2) **Rescript** vom 29. Juni 1834 (zu 2), betreffend die Unstatthaftigkeit des Rekurses gegen die in Bagatellsachen von den Kommissarien der Obergerichte abgefaßten Erkenntnisse.

Was den zweiten Punkt betrifft, so ist, da die ausdrückliche Bestimmung der Allerh. C. O. vom 8. August 1832 das Rechtsmittel des Rekurses auf Erkenntnisse der Untergerichte beschränkt, die Ansicht derjenigen Mitglieder des Kollegiums die richtige, welche annehmen, daß gegen die nach dem §. 67. der Verordnung erlassenen Erkenntnisse der Kommissarien eines Obergerichts in Bagatellsachen nicht der Rekurs, sondern nur die Nichtigkeits-Beschwerde zulässig ist.

(v. K. Jhrb. Bd. 43. S. 531)

3) a. **Rescript** vom 3. Dezbr. 1833, betr. die Verhandlung und Entscheidung der Injurien- und der Bagatellsachen in zweiter Instanz.

Dem (Tit.) wird auf die, in dem Berichte vom 26sten v. M. aufgestellten Bedenken bei Anwendung der Verordnung vom 1. Juni d. J. über den Mandats-, den summarischen und den Bagatell-Prozeß hiermit Folgendes eröffnet:

Die Injuriensachen werden in zweiter Instanz ganz nach den im §. 16. der Instruktion ertheilten Vorschriften der A. G. O. behandelt, worauf daher das Kollegium nur verwiesen werden kann. Der Kommissarius aus den Mitgliedern des Kollegiums der sie in erster Instanz behandelt und entschieden hat, kann unbedenklich auch die statt findenden Rechtsmittel instruiren. Das Erkenntniß oder die Resolution in zweiter Instanz steht den bisher dafür kompetent gewesenen Behörden zu, indem hierin keine Aenderung eingetreten ist. Was die Bagatellsachen anbetrifft, so ist summa appellabilis 20 Rthlr. (§§. 43 und 53. der Instruktion.) In der zweiten Instanz kommen im Uebrigen lediglich die Vorschriften §. 41. u. ff. der Verordnung zur Anwendung. Der §. 67. spricht nur von der ersten Instanz, wie die folgenden §§. zeigen. Auch Bagatellsachen gehen daher, wenn Appellation statt findet, zur Entscheidung an das Kollegium, welches sonst in zweiter Instanz erkennt, oder zur Verhandlung und Entscheidung an die Deputation dieses Kollegiums nach §. 48. der Instruktion.

(Act. des Justizm. L. R. No. 35. Vol. III. Fol. 43c.)

b. **Rescript** vom 29. Juli und vom 31. Juli 1834, betr. das Verfahren in appellatorio in Bagatellsachen.

Dem (Tit.) wird auf die in dem Bericht vom 17ten d. M. enthaltene Anfrage Folgendes zum Bescheide ertheilt:

Da der §. 66. der Verordnung vom 1. Juni v. J. bestimmt, daß in Bagatellsachen bei allen Gerichten nach der Vorschrift über den summarischen Prozeß, in so weit der Tit. 3. der Verordnung nichts Abweichendes vorschreibt, verfahren werden soll, und der Tit. 3 über das Verfahren in appellatorio nichts festsetzt; Bagatellsachen aber alle diejenigen Sachen sind, deren Gegenstand nach Gelde zu schätzen ist und den Werth von 50 Rthlr. nicht übersteigt,

cfr. §. 53. der Instruktion vom 24. Juli v. J.

so ist es auch unbedenklich, daß im Bagatell-Prozeß in zweiter Instanz die Vorschrift für den summarischen Prozeß §. 41. und ff., also insbesondere nach §. 49. a. a. O. das mündliche Verfahren eintritt, wenn auch sonst dem Gegenstande nach die Sache nicht zu denen gehört, die sich nach §. 6 und 7. der Verordnung zum summarischen Prozesse eignen.

Die jetzige Ansicht der Mehrheit des Kollegiums ist daher die richtige.

Berlin, den 29. Juli 1834.

Dem (Tit.) wird auf die, im Berichte vom 15ten d. M. gemachten Anfragen: betreffend die Einleitung des Appellations-Verfahrens in Bagatell-Prozessen zum Bescheide ertheilt:

1) daß die Funktion des zur Verhandlung und Entscheidung der Bagatellsachen in erster Instanz bestellten Kommissarius aufhört, sobald erkannt und wegen Mittheilung des Erkenntnisses das Nöthige verfügt ist.

   Alle ferneren Verfügungen, insbesondere hinsichts der Einleitung des Appellations-Verfahrens liegen dem gewöhnlichen Decernenten im Kollegium ob, bis die Deputation zweiter Instanz zur mündlichen Verhandlung der Sache eintritt;

2) In diesen, vom Kommissarius in erster Instanz entschiedenen Sachen hat in zweiter Instanz der zweite Senat des (Tit.) oder dessen Deputation, je nach dem die Sache schriftlich oder mündlich verhandelt wird, zu erkennen.

Berlin, den 31. Juli 1837.

(Act. des Justizm. L. R. No. 35. Vol. IV. Fol. 109 und 113.)

Vierter Titel.

Allgemeine Bestimmungen.

§. 70.

Klage, Appellation und Revision, so wie deren Beantwortungen, können mündlich zu Protokoll oder schriftlich in oder vor dem dazu anberaumten Termine angebracht werden. Hat jedoch eine Partei einen Justiz-Kommissar zu ihrem Bevollmächtigten bestellt, so muß dieser die Anträge und Erklärungen schriftlich einreichen. Den Schriftsätzen ist eine Abschrift für den Gegentheil beizufügen.

Rescript vom 2. Juli 1837, betr. die Zulässigkeit des Kontumazial-Verfahrens, wenn der die Partei vertretende Justiz-Kommissarius einen erforderlichen Schriftsatz nicht überreicht.

Auf die Anfrage in dem Berichte vom 13ten v. M.,

ob die Nichtbeachtung der Vorschrift des §. 70. der Verordnung vom 1. Juni 1833 ein Kontumazial-Verfahren, oder nur die Festsetzung einer Ordnungsstrafe gegen den die Partei vertretenden Justiz-Kommissarius zur Folge habe

wird dem (Tit.) hierdurch eröffnet:

daß die Nichtbeachtung der Vorschrift §. 70. der gedachten Verordnung, wonach die Justiz-Kommissarien in Mandats-, summarischen und Bagatell-Prozessen, ihre Erklärungen in Schriftsätzen überreichen **müssen**, das Kontumazial-Verfahren gegen die Partei in dem anstehenden Termine, außerdem aber auch die Festsetzung einer Ordnungsstrafe gegen den Justiz-Kommissarius begründet.

Rücksichtlich der Beantwortung der Klage und der Appellations-Rechtfertigung ist dies ausdrücklich im §. 23. und §. 47. der Instruktion vom 24. Juli 1833 gesagt. Damit stimmt ebenfalls das in dem vorgeschriebenen Formulare für den Bagatell-Prozeß (Jhrb. Bd. 43. S. 528) gestellte Präjudiz überein, und eben so spricht sich das Rescript vom 7. Juli 1834 (Jhrb. Bd. 44. S. 86.) in Betreff der Einreichung der Appellations-Rechtfertigungsschrift aus.

Hat der Justiz-Kommissarius indeß bloß unterlassen, seinem Schriftsatze eine Abschrift für den Gegentheil beizufügen, so kann nur eine Ordnungsstrafe aber nicht das Kontumazial-Verfahren eintreten. (Jhrb. Bd. 43. S. 426 und 427.)

In diesem und nicht im entgegengesetzten Sinne hat daher das Königl. Ober-Landesgericht die Untergerichte seines Departements zu bescheiden.

(Act. des Justizm. L. R. No. 35. Vol. VIII. Fol. 72.)

§. 71.

Die Parteien können ihre Schriftsätze selbst verfassen, doch soll wegen Mangelhaftigkeit eines Schriftsatzes niemals die Verlegung eines Termins statt finden.

Rescript vom 3. August 1833, zur Erläuterung der Verordnung vom 1. Juni 1833. (extraktweise).

(Zu §. 71.) Es ist ganz gleichgültig, ob der Schriftsatz wirklich von der Partei herrührt oder nicht. Jede Schrift, die die Partei einreicht, ist als von ihr abgefaßt zu behandeln.

(v. K. Jhrb. Bd. 41. S. 459.)

§. 72.

Sämmtliche prozeßleitende Verfügungen werden in der Regel durch Dekret-Abschriften, welche von dem Kanzlei-Vorstande zu beglaubigen sind, an die Betheiligten erlassen.

(Zu §. 72.)

§. 56. Alle Vorladungen im summarischen und Bagatell-Prozeß sind zu lithographiren, die Ausfüllung derselben, die Einrückung der Termine und die Unterschrift besorgt der Beamte, dem die Expeditions-Geschäfte bei dieser Gattung der Prozeßsachen übertragen sind.

§. 73.

Zu Verhandlungen des Mandats- und des summarischen Prozesses soll es bei den größeren Gerichten nur einer Deputation von 3 Mitgliedern in erster Instanz, und von 5 Mitgliedern in zweiter Instanz, bei den Gerichten aber, welche nur mit 2 Richtern besetzt sind, nur eines derselben, in allen Fällen jedoch der Zuziehung eines Protokollführers bedürfen.

Ein Protokollführer muß auch in dem Verfahren in Bagatellsachen zugezogen werden.

Bei Gerichten, welche nur mit 3 Mitgliedern besetzt sind, wird im Verhinderungsfalle eines derselben dessen Stelle durch einen Referendar, oder durch einen zum Richteramte verpflichteten Aktuar vertreten. Ist ein Referendar oder ein solcher Aktuar bei dem Gerichte nicht vorhanden, so ist nach Vorschrift des Abschn. 2. Tit. 2. dieser Verordnung zu verfahren.

1) a. **C. O.** vom 10. November 1835, betr. die Anwendung des §. 73. der **Verordnung** vom 1. Juni 1833, bei der Abfassung der Erkenntnisse in nicht summarischen Prozeßsachen und das Verfahren bei Abfassung der Erkenntnisse bei solchen Gerichten, welche nur aus drei Mitgliedern bestehen, wenn eins derselben behindert ist; wonach in einem solchen Falle das Gericht als ein solches angesehen wird, welches nicht, als Kollegium zu erkennen hat, der Grund, weshalb dies geschieht, aber ausdrücklich in dem Urtel angeführt werden muß. (G. S. S. 232.); s. I. 13. §. 44.

b. **Rescript** vom 28. Januar 1834, betr. die Zahl der Mitglieder und das Votum des Vorsitzenden bei den Deputationen.

Dem Königl. Ober-Landesgericht wird auf die Anfrage vom 21sten d. M., betreffend die Zahl der Mitglieder und das Votum des Vorsitzenden in den Deputationen zu Verhandlungen des Mandats- und des summarischen Prozesses,

hiermit eröffnet, daß der Justiz-Minister der Ansicht derjenigen Mitglieder des Kollegiums beitritt, welche die aufgestellten Fragen bejahen zu müssen geglaubt haben.

Das Gesetz vom 1. Juni 1833 bestimmt im §. 73. nichts weiter, als daß es zu den Verhandlungen bei größeren Gerichten nur einer Deputation von resp. drei und funfzig Mitgliedern bedarf; daraus folgt aber nicht, daß eine größere Anzahl durchaus unzulässig ist, und daß ein Mitglied ausscheiden muß, wenn der Präsident oder Dirigent nach §. 17. der Instruktion vom 24. Juli 1833 ausnahmsweise den Vorsitz übernimmt.

Wie die Vota der Mitglieder bei einer Meinungs-Verschiedenheit zu zählen sind, und welchen Einfluß die Stimme des Vorsitzenden hat, darüber enthält die allegirte Verordnung nichts; es bleibt also in dieser Hinsicht bei den bestehenden Vorschriften.

(Act. des Justizm. L. R. No. 35. Vol. III. Fol. 160.)

2) a. **Rescript** vom 3. August 1833, zur Erläuterung der **Verordnung** vom 1. Juni 1833 (extraktweise).

(Zu §. 73.) Zur Aufnahme der Klage und zur Aufnahme der Einwendungen im Mandats-Prozesse bedarf es keines Protokollführers, wenn die Partei selbst lesen und schreiben kann, oder einen Unterschriftszeugen mitbringt; wohl aber zur Abhaltung des Klagebeantwortungs-Termins, weil darin eine Verhandlung mit beiden Theilen erfolgt; eben so in dem Termine zur Beweisaufnahme.

Die Protokolle bei der mündlichen Verhandlung nimmt der Referent auf und sie werden von den Richtern, welche anwesend waren, unterschrieben; die Zuziehung eines Protokollführers unterbleibt in diesem Falle.

Nur wenn ein einzeln stehender Richter das Protokoll aufnehmen soll, muß ein Protokollführer zugezogen werden.

Reicht das Personal der Auskultatoren und Subalternen nicht zu, die Funktionen des Protokollführers zu übernehmen, so muß das Gericht sich an das vorgesetzte Obergericht wenden, welches, wo es Noth thut, die Annahme eines Protokollführers bewilligen wird.

(v. K. Jhrb. Bd. 41. S. 459.)

b. **Rescript** vom 7. Oktober 1833, zur Erläuterung der **Verordnung** vom 1. Juni 1833 (extraktweise).

In Ermangelung eines Protokollführers ist es zulässig, daß ein Mitglied der Deputation den Termin abhält, und ein anderes dabei gegenwärtiges Mitglied bei der Unterschrift attestirt, wie es bei der Vernehmung, Vorlesung und Vollziehung der Verhandlung gegenwärtig gewesen sei.

Ueber die Frage:

ob bei Verhandlungen mit der deutschen Sprache nicht mächtigen Parteien ein oder zwei Dollmetscher zuzuziehen sind,

entscheidet die A. G. O. Th. II. Tit. 2. §. 39. und Th. I. Tit. 10. §. 213., und für die Fälle, wo es keines Protokollführers bedarf, als bei Aufnahme der Klage, der Appellations-Beschwerden und der Einwendungen gegen ein Mandat, der §. 75. des Anhangs zur A. G. O.

(Act. des Justizm. L. R. No. 35. Vol. II. Fol. 222.)

c. **Rescript** vom 2. Februar 1835, betr. die Nothwendigkeit der Zuziehung des Protokollführers bei Zeugen-Vernehmungen.

Dem Gerichtsamte der Stiftsgüter Tauchwitz und Riecha wird auf die Anfrage vom 23. Januar d. J. eröffnet, daß der Justiz-Minister die demselben von dem Ober-Landesgericht zu Glogau ertheilte Anweisung,

„zu Zeugen-Vernehmungs-Verhandlungen in Prozessen nach der Verordnung vom 1. Juni 1833 einen Protokollführer zuzuziehen, und eine von den Parteien angefochtene Verhandlung, wobei dies nicht geschehen, durch Wiederholung derselben unter Zuziehung eines Protokollführers, zu legalisiren,"

vollkommen gerechtfertigt findet. Nach dem Rescripte vom 6. Septbr. 1833 bedarf es eines Protokollführers nur dann nicht, wenn eine einseitige Erklärung der Parteien aufgenommen wird. Dahin kann jedoch die Vernehmung eines Zeugen niemals gerechnet werden, weil diese eine nach mündlicher Abhörung der Zeugen niedergeschriebene, auf die Lage der prozeßführenden Theile Einfluß habende Verhandlung erfordert, bei welcher durch Zuziehung eines Protokollführers um so mehr für die Sicherheit der Parteien zu sorgen ist, als es ihnen nicht selbst, sondern nur den von ihnen gewählten oder ihnen zugeordneten Beiständen gestattet ist, der Zeugen-Vernehmung beizuwohnen.

(§§. 198 219. Tit. 10. Th. I. der A. G. O.)

Der Umstand daß die unterlassene Zuziehung des Protokollführers die Partei zu einer Nichtigkeits-Beschwerde nicht berechtigt, darf den Richter niemals veranlassen, in den Fällen, wo es nach §. 73. der Verordnung vom 1. Juni 1833 erforderlich ist, ohne Protokollführer zu verhandeln.

(v. K. Jhrb. Bd. 45. S. 201)

d. **Rescript** vom 17. März 1834, betr. die Zuziehung zweier Gerichtsbeisitzer statt des Protokollführers.

Dem (Tit.) wird auf den über die hierbei zurückerfolgende Anfrage des Stadtrichter E. in Bezug auf die Verordnung vom 1. Juni v. J. wegen des Mandats-, summarischen und Bagatell-Prozesses, unterm 10ten d. M. erstatteten Bericht eröffnet, daß die Zuziehung von zwei Gerichts-Beisitzern statt des Protokollführers mit Rücksicht auf §. 51. Tit. 25. der A. G. O. und da das Gesetz die Zuziehung eines Protokollführers hauptsächlich nur aus dem Grunde verlangt, um dadurch für die Sicherheit der Parteien zu sorgen, genügt.

(Act. des Justizm. L. R. No. 35. Vol. IV. Fol. 18.)

§. 74.

Bei dem Mandats- und dem summarischen Prozesse, sowie bei dem Verfahren in Bagatellsachen, kommen die Vorschriften der Tit. 1 bis 25. einschließlich, der Prozeßordnung in so weit zur Anwendung, als die gegenwärtige Ordnung nicht abweichende Bestimmungen enthält.

§. 75.

Eignet sich eine Forderung nach den Bestimmungen der gegenwärtigen Verordnung zu mehreren der hier aufgestellten besonderen Prozeßarten, so geht der Mandats-Prozeß dem summarischen und Bagatell-Prozesse, letzterer aber dem summarischen Prozesse vor.

§. 76.

In so fern in der Prozeßordnung ein besonderes oder abgekürztes Verfahren für Gegenstände, welche nicht zu den in der gegenwärtigen Verordnung bezeichneten gehören, angeordnet worden ist, hat es bei jenem Verfahren sein Bewenden.

1) **Rescript** vom 21. April 1834, betr. die Zulässigkeit des Bagatellprozesses bei Interventionsstreitigkeiten.

Auf die mittelst Berichts vom 16ten d. M. vorgetragene Anfrage:

ob bei Interventions-Streitigkeiten nach §. 13. der Verordnung vom 4. März d. J. über die Exekution in Civilsachen, unbedingt der summarische Prozeß anzuwenden, oder ob auch hier ein Unterschied nach dem Objekt zu machen sei, mithin bei Interventions-Prozessen über Objekte von 50 Rthlr. oder weniger das Verfahren in Bagatellsachen statt finde?

wird dem Königl. Stadtgericht eröffnet, daß die letztere Alternative die richtige ist.

Indem der §. 13. cit. auf die Vorschriften über den summarischen Prozeß verweiset, muß nämlich auch dasjenige Anwendung leiden, was der §. 75. der Verordnung vom 1. Juni v. J. über das Verhältniß des summarischen Prozesses zum Bagatell-Prozeß festsetzt.

(v. K. Jhrb. Bd. 43. S. 532.)

2) **Rescript** vom 10. Juni 1835 und 6. Dezember 1836, daß der Mandats-, summarische und Bagatellprozeß auch in den vor die Handelsgerichte gehörigen Merkantilsachen statt findet.

Dem Königl. Ober-Landesgericht wird auf die Anfrage in dem Bericht vom 26. Mai d. J. über die Anwendung der Verordnung vom 1. Juni 1833 über den Mandats-, den summarischen und Bagatell-Prozeß eröffnet, daß im Allgemeinen die Anwendung der gedachten Verordnung auch auf die vor die Handelsgerichte gehörigen Rechtssachen keinem Bedenken unterliegen kann, und daß nach §. 76. derselben nur für solche Gegenstände, welche nicht zu den in jener Verordnung bezeichneten zu rechnen sind, also z. B. bei allen Klagen aus Wechseln und Wechsel-Verbindlichkeiten, das besondere abgekürzte Verfahren der A. G. O. eintritt.

Die unter die Bestimmungen der Verordnung vom 1. Juni 1833 fallenden Merkantilsachen müssen aber als besonders schleunige behandelt werden, und die Abkürzung der Fristen in der Art, wie schon die A. G. O. sie für die Klagebeantwortung und Instruktion der Sache nachgelassen hat, ist unzweifelhaft (§. 8. der Verordnung vom 1. Juni 1833), so daß sich darnach auch der §. 54. der Instruktion vom 24. Juli 1833 (Jhrb. Bd. 41. S. 458.) für solche besonders schleunige Sachen modifizirt.

Berlin, den 10. Juni 1835.

(v. K. Jhrb. Bd. 45. S. 455)

Dem Königl. Ober-Landesgericht wird auf den Bericht vom 18. v. M.,

betr. die Anwendung der Verordnung vom 1. Juni 1833 auf den Merkantil-Prozeß,

hierdurch eröffnet, daß der Justiz-Minister die Bedenken des Kollegiums gegen die in den Rescripten vom 7. April 1834 und 2. Juni 1835 (Jhrb. Bd. 43. S. 541. und Bd. 45. S. 455.) ausgesprochenen Ansichten und getroffenen Bestimmungen für begründet nicht erachten kann.

Das erstere enthält eine Bescheidung auf die Anfrage:

ob die im §. 22. der Verordnung vom 14. Dezbr. 1833 bestimmte Frist zur Einwendung des Rechtsmittels der Appellation auch bei allen schleunigen Prozeßarten Anwendung finde,

die nähere Auseinandersetzung, weshalb in dieser Beziehung zwischen den verschiedenen Prozeßarten kein Unterschied eintreten könne, aus den Motiven des Gesetzes und der darüber gepflogenen Verhandlungen entwickelt, findet das Königl. Ober-Landesgericht in dem Rescripte vom 12. Januar 1835 (Jhrb. Bd. 45. S. 188) worauf dasselbe verwiesen wird.

Die Gefahr einer Verzögerung des Appellations-Verfahrens in Merkantilsachen beseitigt sich dadurch, daß

a) dem Appellanten immer frei steht, die Appellation vor Ablauf der 6 Wochen anzubringen, und daß

b) in Fällen, wo Gefahr im Verzuge obwaltet, nach §. 5. Tit. 14. Th. I. der A. G. O. die Vollstreckung des Urtels erster Instanz zulässig ist, wenn die Appellation auch sonst Suspensiveffekt haben würde.

Das Rescript vom 2. Juni 1835 über die Anwendung der Verordnung vom 1. Juni 1833 auf solche Merkantilsachen, welche an sich zu den in jener Verordnung bezeichneten Gegenständen gehören, gründet sich auf die Vorschrift §. 13. Tit. 30. Th. I. A. G. O.

Um den Betrieb der Merkantilsachen in einen geregelten Gang zu bringen, ist die Deputation für die summarischen Sachen des dortigen Land- und Stadtgerichts anzuweisen, sich während der Meßzeit täglich Vor- und Nachmittags zu versammeln, um die Merkantilsachen ausschließlich oder doch vorzugsweise zu bearbeiten, die angemeldeten Klagen und die Klagebeantwortungen so schleunig als möglich aufzunehmen und das mündliche Verfahren noch an demselben Tage oder am nächstfolgenden anzuordnen.

Die Vorschrift §. 21. der Verordnung,

„daß ein Verzeichniß der zur mündlichen Verhandlung bestimmten Sachen drei Tage vor derselben vor dem Sitzungssaal auszuhängen,“

enthält an sich keine wesentliche Prozeßvorschrift. Auch kommt es bei einer im Termine der Klagebeantwortung erfolgten mündlichen Vorladung der Parteien nicht weiter darauf an, ob die zu verhandelnde Sache drei Tage oder eine Viertel Stunde in dem Verzeichniß der mündlich zu verhandelnden Sachen aufgeführt gewesen ist, wenn man nur überhaupt daraus ersieht, daß sie vorkommen soll. Die Beweisaufnahme kann während der mündlichen Verhandlung einem Kommissar übertragen (§. 33. der Verordnung vom 1. Juni 1833), und das nach abgeschlossenem mündlichen Verfahren sofort abzufassende und zu publizirende Erkenntniß binnen wenigen Stunden mundirt und insinuirt werden.

Es steht hiernach die Verordnung vom 1. Juni 1833 einer möglichst schleunigen Behandlung der Merkantilsachen keineswegs entgegen.

Nur wenn die Entscheidung von Ableistung eines Eides abhängig ist, muß die Frist nach §. 31. der Verordnung beachtet werden. Eine Aenderung hierin würde der Justiz-Minister aber auch in schleunigen Sachen niemals zweckmäßig finden.

Das Königl. Ober-Landesgericht hat hiernach das Weitere zu veranlassen.

Berlin, den 6. Dezember 1836.

(v. K. Jhrb. Bd. 48. S. 454—456.)

3) **Rescript** vom 20. Februar 1835, betreffend die Kumulation der Klagen im summarischen Prozesse.

Dem (Tit.) wird auf die Anfrage vom 6ten d. M. über die Zulässigkeit der Kumulation der Klagen im summarischen Prozeß eröffnet, daß die Regeln des §. 24. Tit. 5. Th. I. der A. G. O. wonach ein Kläger mehrere Forderungen an den Beklagten nur dann in Eine Klage zusammen fassen darf, wenn solche zu einerlei Art des Prozesses gehören, weder in der Verordnung vom 1. Juni noch in der Instruktion vom 24. Juli 1833 aufgehoben ist. Sie muß deshalb in den Fällen auch zur Anwendung kommen, wenn Forderungen, die theils zum Mandats-, theils zum summarischen oder Bagatell-Prozeß gehören, in einer und derselben Klage kumulirt werden, oder wenn dies rücksichtlich solcher Forderungen geschieht, die theils zu den gedachten Prozeßarten, theils zum gewöhnlichen Prozeß-Verfahren gehören. Der Antrag des Kollegiums, in solchen Fällen die Wahl der Prozeßart lediglich dem richterlichen Ermessen ohne Antrag der Parteien zu überlassen, ist deshalb bedenklich, weil der Mandats- und summarische Prozeß bestimmte Arten von Forderungen voraussetzen, und der Bagatell-Prozeß nur bei einem speziell dem Werthe nach begränzten Objekt eintreten kann und hierdurch das richterliche Ermessen, in so weit darauf nicht §. 7. der Verordnung und §. 16. der Instr. verweisen, beschränkt ist. Uebrigens wird durch die Ausschließung der Kumulation in den obengedachten Fällen ein Nachtheil für die Kläger nicht herbeigeführt, da dieser dadurch gerade den Vortheil hat, diejenigen Forderungen, die sich zu der schleunigen Prozeßart eignen, schneller erörtert und entschieden zu sehen.

(Act. des Justizm. L. R. No. 35. Vol. V. Fol. 82.)

§. 77.

Alle seit dem 1. Oktober d. J. bei den Gerichten anhängig gemachten Prozesse, welche sich zur Verhandlung nach der gegenwärtigen Verordnung eignen, sollen nach den Vorschriften derselben eingeleitet und entschieden werden.

Dagegen sollen die vor dem 1sten Oktober d. J. anhängig gemachten Prozesse nach den bisherigen Vorschriften beendigt werden.

Urkundlich unter Unserer Höchsteigenhändigen Unterschrift und beigedrucktem Königlichen Insiegel.

Gegeben Berlin, den 1. Juni 1833.

Friedrich Wilhelm.

Gebühren-Taxe

in den

Mandats-, summarischen und Bagatell-Prozessen.

Allerhöchste Kabinets-Ordre

vom 9. Oktober 1833, wegen der Gebühren-Taxe für die Gerichte und Justiz-Kommissarien in dem Mandats-, dem summarischen und dem Bagatell-Prozesse.

Die Mir mit Ihrem gemeinschaftlichen Berichte vom 11. v. M. vorgelegte neue Gebühren-Taxe für die Gerichte und die Justiz-Kommissarien in dem Mandats-, dem summarischen und dem Bagatell-Prozesse habe Ich genehmigt und vollzogen, und überlasse Ihnen, solche durch die G. S. bekannt zu machen. Zugleich genehmige Ich, daß bei den aus Staatsfonds unterhaltenen Gerichten diejenigen Beamten, deren Einkommen ganz oder zum Theil auf Schreibgebühren angewiesen ist, von den nach der neuen Gebühren-Taxe bei Objekten bis 50 Rthlr. statt der einzelnen Gebührensätze zu liquidirenden Pauschquanten ein bestimmter Antheil zu ihrer Entschädigung überlassen werde. Diesen Antheil bestimme Ich: von Pauschquanten für das Prozeß-Verfahren von den ersten 20 Rthlr. auf ein Drittheil, und bei höheren Objekten von dem Mehrbetrage auf ein Sechstheil; von Pauschquanten in der Exekutions-Instanz stets auf ein Sechstheil; Ich genehmige ferner: daß die Salarienkassen-Rendanten und andere gerichtliche Beamte, welchen eine Tantieme von der quotepflichtigen Sporteleinnahme zusteht, zur Berechnung dieser Tantieme auch diejenigen Sporteleinnahmen ziehen können, welche nach den Bestimmungen der neuen Gebühren-Taxe liquidirt werden und bisher quotepflichtig gewesen sind. Von diesen Bestimmungen haben Sie, der Justiz-Minister Mühler, die Gerichts-Behörden besonders in Kenntniß zu setzen.

Berlin, den 9. Oktober 1833.

Friedrich Wilhelm.

An die Staats-Minister
Maaßen, v. Kamptz und Mühler.

Gebühren-Taxe

für die Gerichte und die Justiz-Kommissarien, in dem Mandats-, dem summarischen und dem Bagatell-Prozesse.

Erster Abschnitt.

Gebühren der Gerichte in dem Mandats-Prozesse.

1) Bei Gegenständen bis 50 Thaler einschließlich, tritt statt der Gebührensätze

a. für die Mandatsklage, das Mandat, dessen Insinuation und die Benachrichtigungen des Klägers überhaupt ein Pauschquantum ein, und zwar
bis zu 20 Thalern, einschließlich mit 1 Sgr. von jedem angefangenen Thaler, von dem Mehrbetrage aber nur mit ½ Sgr.

Doch können auch bei den niedrigsten Gegenständen 3 Sgr. an Gebühren angesetzt werden.

b. Kommt es zur Exekution, so finden die bei Bagatell-Prozessen gegebenen Bestimmungen statt. (Abschn. III. Nr. 3.)

c. Dasselbe gilt Hinsichts der außer dem Pauschquantum zu liquidirenden Auslagen. (Abschn. III. Nr. 4. 5.)

Anmerk. Ist es zum kontradiktorischen Verfahren gekommen, so treten die Bestimmungen vom Bagatell-Prozesse ein.

2) Bei Gegenständen über 50 Thaler werden für die Aufnahme der Mandatsklage, sowie für alle bei dem Mandats-Prozesse vorkommenden gerichtlichen Geschäfte, die Gebühren wie im summarischen Prozesse angesetzt. (Abschn. II.)

Zweiter Abschnitt.

Gebühren der Gerichte im summarischen Prozesse.

Nr.	Gebühren der Gerichte in dem summarischen Prozesse.	Gegenstand über 50 Rthlr. bis 100 Rthlr. einschließl.		über 100 Rthlr. bis 200 Rthlr. einschließl.		über 200 Rthlr. bis 500 Rthlr. einschließl.		über 500 Rthlr.	
		Rthl.	Sgr.	Rthl.	Sgr.	Rthl.	Sgr.	Rthl.	Sgr.
1	Für die Aufnahme der Klage zu Protokoll	—	15	1	—	1	15	2	—
	Für Aufnahme bloßer Klage-Anmeldungen sind keine Gebühren zulässig.								
2	Für die Verfügung, durch welche eine Klage zurückgewiesen wird. .	—	7½	—	15	—	22½	1	—
3	Für jede Vorladung der Parteien, Zeugen, Sachverständigen, so wie überhaupt für jede prozeßleitende Verfügung, sie mag expedirt werden oder durch Dekrets-Abschrift ergehen, — für Berichte an die vorgesetzte Behörde auf Beschwerden der Parteien, wenn solche Materialien enthalten, und die Beschwerden unbegründet gefunden worden; — desgleichen für jede Ausfertigung und jedes Attest	(wie zu Nr. 2.)							
	Doch können für bloße Benachrichtigungen u. Uebersendungsschreiben, für Requisitionen zur Besorgung von Insinuationen u. Aushängung öffentlicher Bekanntmachungen, und für Kostenfestsetzungs- und Kostenzahlungs-Verfügungen keine								

Nr.	Gebühren der Gerichte in dem summarischen Prozesse.	Gegenstand über 50 Rthlr. bis 100 Rthlr. einschließl. Rthl.	Sgr.	über 100 Rthlr. bis 200 Rthlr. einschließl. Rthl.	Sgr.	über 200 Rthlr. bis 500 Rthlr. einschließl. Rthl.	Sgr.	über 500 Rthlr. Rthl.	Sgr.
	Gebühren sondern nur Kopialien und Meilengelder in Ansatz kommen.								
4	Für die Aufnahme der Klagebeantwortung und für die in diesem Termin stattfindenden sonstigen Verhandlungen	(wie zu Nr. 1.)							
5	Für eine Agnitions- oder Purifikations-Resolution oder ein Kontumazial-Erkenntniß	(desgleichen.)							
6	Für die mündliche Verhandlung vor erkennendem Gericht, auch wenn darin eine Beweisaufnahme erfolgt....	1	—	2	—	3	—	4	—
	Ist keine oder nur eine Partei erschienen, wird der Klage entsagt, oder der Anspruch eingeräumt, oder die Sache durch Vergleich beendet, die Hälfte von den vorstehenden Sätzen.								
7	Für das definitive Erkenntniß, von beiden Theilen zusammen...	(wie zu Nr. 6.)							
	Doch wird bei Gegenständen über 1000 Rthlr. für jedes volle Tausend 2 Rthlr. mehr, niemals aber über 20 Rthlr. angesetzt, z. B. bei Gegenständen von 2000 Rthlr. und mehr, jedoch unter 3000 Rthlr. 6 Rthlr. ꝛc.								
8	Für Publikation der Erkenntnisse und Resolutionen passiren keine Gebühren.								
9	Für ein Resolut, durch welches eine Beweisaufnahme verfügt wird	(wie zu Nr. 1.)							
10	Für einen status causae specialis, zur Vernehmung auswärtiger Zeugen, wenn solcher vom Deputirten des Gerichts angefertigt worden	(wie zu Nr. 2.)							
11	Für eine fortgesetzte mündliche Verhandlung, oder wenn ein Eid abgenommen, oder über die Beweisaufnahme verhandelt wird	(wie zu Nr. 6.)							
12	Für die zu Protokoll gegebene Appellations-Anmeldung	(wie zu Nr. 2.)							
13	Für die zu Protokoll gegebene Appellations-Rechtfertigung	(wie zu Nr. 1.)							
14	Für die zu Protokoll gegebene Appellations-Beantwortung	(wie zu Nr. 1.)							
15	Alle übrigen Geschäfte wie in erster Instanz.								
16	In der Revisions-Instanz wird wie zu Nr. 12—15. liquidirt.								
17	Für die zu Protokoll aufgenommenen Exekutions-Gesuche und die in der Exekutions-Instanz nöthigen gerichtlichen Verfügungen	(wie zu Nr. 2.)							

Allgemeine Anmerkungen.

I. Von vorstehenden Gebührensätzen liquidiren die Untergerichte zweiter Klasse, welche kein Kollegium bilden nur zwei Drittheile.

II. Außer den Gebührensätzen können weder Siegelgelder, Insinuations-, Abtrags- und Aufwartegebühren, noch Emballage und Kassen-Quote von den Parteien erhoben werden.

III. Dagegen sind neben jenen Gebührensätzen zulässig:

1) Schreibgebühren, und zwar für jeden vorschriftsmäßig geschriebenen Bogen, ohne Unterschied, ob Reinschriften, Behändigungsscheine, oder bloße Abschriften zu fertigen sind, $2\frac{1}{2}$ Sgr.

Dabei wird der angefangene Bogen stets für einen vollen gerechnet.

Für Beilagen der Verfügungen werden die Schreibgebühren besonders berechnet, doch müssen mehrere Beilagen in einem Stück hinter einander geschrieben, und hiernach die zu liquidirenden Bogen berechnet werden.

2) Meilengelder für die Besorgung der auswärtigen Insinuation ohne Rücksicht auf die Entfernung vom Sitze des Gerichts für jede einzelne Verfügung 4 Sgr.

Sind in einer Sache nach einer und derselben Verfügung an einen Ort mehrere Schreiben des Gerichts zu befördern, so kann für diese mehrere Schreiben zusammen nur der einfache Satz der Meilengelder von den Parteien gefordert werden.

3) Alle Auslagen, die das Gericht, bei welchem der Prozeß schwebt, aus seiner Sportelkasse bezahlen müßte, z. B. Porto, Stempel, Gebühren ausländischer Gerichte u. s. w.

IV. Hinsichts folgender gerichtlicher Geschäfte und Verfügungen, wenn solche bei den summarischen Prozessen vorkommen, bleibt es vorläufig bei den Bestimmungen der allgemeinen Gebühren-Taxen für Ober- und Untergerichte vom 23. August 1815 und bei den auf sie Bezug habenden späteren Verordnungen, je nachdem eine dieser Sporteltaxen bei den übrigen Geschäften eines Gerichts zur Anwendung kommt;

1) Aufsuchung alter Akten,

ferner Heften der Akten, nach Abschnitt 1. Nr. 14. der Allgemeinen Gebührentaxe für sämmtliche Untergerichte,

2) Auktionen,

3) Dollmetscher-Geschäfte,

4) Ediktalcitationen,

5) Abnahme eines Judeneides,

6) Antritt und Vollstreckung der Exekutionen,

7) Kommissionstermine,

8) Taxationen und Ausarbeitung der Taxations-Instrumente,

9) Vidimationen,

10) Kalkulaturgeschäfte,

11) Reiseversäumniß- und Zehrungskosten der Zeugen und Sachverständigen.

Doch können auch für die hierbei vorkommenden Verfügungen außer den Gebühren für die Verfügung selbst nur Schreibgebühren nach den Bestimmungen dieser neuen Gebühren-Taxe, nicht aber Siegelgelder, Insinuations-, Abtrags- und Aufwarte-Gebühren, so wie überhaupt keine Kassen-Quote in Ansatz kommen.

V. Die Sukkumbenzgelder werden in den zulässigen Fällen nach Abschnitt I. Nr. 22. der Allgemeinen Gebühren-Taxe für Landes-Justiz-Kollegien und nach den hierauf Bezug habenden erläuternden Verordnungen angesetzt.

Rescript vom 25. Novbr. 1833, betr. die Anwendung der Gebührentaxe des summarischen Prozesses in Injuriensachen.

Da die Gebührentaxe für die Gerichte und Justiz-Kommissarien in dem Mandats-, dem summarischen und dem Bagatell-Prozesse vom 9. Oktbr. d. J. der Injurienprozesse nicht besonders erwähnt, so sind bei mehreren Ober- und Untergerichten über die Anwendung dieser Gebührentaxe auf Injurien-Prozesse, und namentlich unter Personen des Bauern- und gemeinen Bürgerstandes Zweifel entstanden, welche zu Anfragen Veranlassung gegeben haben.

Nach §. 6. der Verordnung vom 1. Juni d. J. findet wegen Injurien — in so weit sie sich nicht zum Untersuchungs-Verfahren eignen — der summarische Prozeß statt. Es muß daher auch bei allen Injurien-Prozessen der Ansatz der gerichtlichen Kosten nach den im 2. Abschnitte der Gebührentaxe vom 9. Okt. d. J. getroffenen Bestimmungen erfolgen.

Die Instruktion des Justiz-Ministers vom 24. Juli d. J. und namentlich der §. 16. derselben hat hierin nichts abgeändert. Dieser verordnet nur:

daß die Injuriensachen an allen Orten, wo sie bisher einzelnen richterlichen Beamten zur Instruktion und Entscheidung übertragen waren, oder noch übertragen werden, insbesondere bei allen Untergerichten nach dem 2. Abschnitt des 2. Titels der Verordnung vom 1. Juni d. J. zu behandeln sind.

Diese Bestimmung hat nun zur Folge, daß bei der Führung und Entscheidung der Injurien-Prozesse durch einen bestimmten Deputirten auch bei den Gerichten, welche ein formirtes Kollegium bilden, nicht die vollen Gebührensätze, sondern nur zwei Drittheile derselben, nach Maaßgabe der Allg. Anmerkungen I. zum Abschnitt 2. der Gebührentaxe, zum Ansatz kommen können.

Hinsichts der Kolonne der Gebührentaxe, nach welcher die Kosten anzusetzen sind, ist mit Rücksicht auf die Schlußbestimmung der Gebührentaxe vom 9. Oktbr. d. J. der §. 9. der Einleitung zur Allg. Gebührentaxe vom 23. August 1815 in so weit zur Anwendung zu bringen:

daß bei Injuriensachen überhaupt auf den Stand des Beleidigten, welcher als Kläger auftritt, zu sehen, und hiernach,

1) wenn derselbe zu den Personen des Bauern- oder gemeinen Bürgerstandes gehört, — die erste Kolonne der Gebührentaxe vom 9. Oktbr. d. J. wie bei Gegenständen über 50 Rthlr. bis 100 Rthlr. einschließlich,
2) wenn er zu den Honoratioren des Bürgerstandes oder zu den niederen Offizianten des Staats zu rechnen ist, die zweite Kolonne, wie bei Gegenständen über 100 Rthlr. bis 200 Rthlr. einschließlich,
3) bei Personen von Adel und bei den in gleichem Range stehenden Königlichen Beamten, die dritte Kolonne, wie bei Gegenständen über 200 Rthlr. bis 500 Rthlr.,
4) bei Personen von noch höherm Range die vierte Kolonne, wie bei Gegenständen über 500 Rthlr.,

bei dem Ansatz der Kosten zum Grunde zu legen ist.

Nach diesen Grundsätzen ist auch hinsichts derjenigen gerichtlichen Geschäfte zu verfahren, welche in Folge der eingewandten Rechtsmittel gegen die Erkenntnisse in Injurien-Prozeßsachen vorkommen können. Doch findet hier stets der volle Gebührensatz statt.

Für die Aufnahme der Milderungs- und Verschärfungsgesuche und deren Beantwortung zum gerichtlichen Protokoll, werden die Gebühren nach Nr. I. Abschn. 2. der Gebührentaxe, für die auf Verschärfungsgesuche abzufassenden Erkenntnisse in Ansatz gebracht. Dagegen sind für die bloßen Resolutionen auf Milderungsgesuche, und zwar für Abfassung und Ausfertigung zusammen, nur die Gebührensätze unter Nr. I. Abschnitt 2. der Gebührentaxe zu liquidiren.

Die Gebühren der Justiz-Kommissarien sind nach gleichen Grundsätzen festzusetzen.

Hinsichts der Stempel in Injurienprozeßsachen bleibt es bei den bisher darüber erlassenen Verordnungen.

Hiernach hat das Königliche rc. nicht nur selbst zu verfahren, sondern auch die Untergerichte seines Departements gleichzeitig anzuweisen.

(v. K. Jhrb. Bd. 42. S. 423.)

Dritter Abschnitt.

Gebühren der Gerichte in dem Bagatell-Prozesse.

1) Bei Gegenständen bis 50 Rthlr. findet in erster Instanz bis zur erfolgten Publikation und Behändigung des Erkenntnisses, statt der Kosten für die einzelnen gerichtlichen Geschäfte, nur ein Pausch-Quantum statt, und zwar

a. ist die Klage durch ein bloßes Dekret zurückgewiesen 3 Sgr. — 6 Sgr. überhaupt,

b. ist die Sache durch Entsagung, Vergleich, Agnitions-Resolution, oder Kontumazial-Verfahren beendigt $1\frac{1}{2}$ Sgr. von jedem angefangenen Thaler der eingeklagten Summe.

Beträgt das hiernach berechnete Pausch-Quantum weniger als 6 Sgr., so kann dieser Betrag gefordert werden.

c. Ist auf kontradiktorische Verhandlung erkannt worden, 3 Sgr. von jedem angefangenen Thaler der eingeklagten Summe.

Doch können auch bei niedrigen Summen jedenfalls 9 Sgr. in Ansatz kommen.

2) In der Appellations-Instanz kommen die Bestimmungen unter Nr. 1. ebenfalls zur Anwendung; doch ist bei Berechnung des Pausch-Quantums nicht der Klage-, sondern der Appellations-Gegenstand zu berücksichtigen.

3) In der Exekutions-Instanz wird ebenfalls statt der Gebühren für die einzelnen gerichtlichen Verfügungen und Geschäfte nur ein Pausch-Quantum liquidirt, und zwar:

a. bei nicht erfolgter Vollstreckung der Exekution mit 3—6 Sgr. überhaupt,

b. bei erfolgter Vollstreckung der Exekution außer dem Satze zu a.

mit $1\frac{1}{2}$ Sgr. für jeden Thaler der wirklich beigetriebenen Summe, jeden angefangenen Thaler für voll gerechnet.

4) Die unter Nr. 1 bis 3. bestimmten Pausch-Quanta, vertreten alle wirkliche Gerichtsgebühren, namentlich Taxen, Siegel-Gelder, Insinuations-, Abtrags-, Aufwarte- und Exekutions-Gebühren, Meilengelder, Emballage, Schreibgebühren, Kassen-Quote, Kommissionsgebühren für Geschäfte am Orte des Gerichts, Registratur-, Dollmetscher-, Kalkulatur- und andere bei der gerichtlichen Geschäftsverwaltung vorkommende Gebühren. Doch sind Dollmetscher- und Kalkulaturgebühren für baare Auslagen zu erachten, wenn bei dem Gerichte keine zu dergleichen Geschäften ein für allemal bestimmte Beamte vorhanden sind.

Dabei macht es keinen Unterschied, ob bei dem Prozesse das Gericht, bei welchem er anhängig ist, allein zu thun hat, oder auch ein anderes inländisches Gericht, durch Insinuationen, Vernehmung von Zeugen, Abhaltung einzelner Termine, Publikation der Erkenntnisse u. s. w. beschäftigt wird.

Das Hauptgericht, bei welchem der Prozeß anhängig ist, bezieht das statt der einzelnen Gebühren zu liquidirende Pausch-Quantum allein und für die requirirten oder beauftragten Gerichte können von den Parteien keine Gebühren erhoben werden.

Wenn dagegen der Auftrag oder die Requisition nicht an ein Gericht, sondern an einen einzelnen Justizbeamten für seine Person erfolgt ist, diesem keine zur unentgeldlichen Bearbeitung dergleichen Aufträge verpflichteten Subalternenbeamte zugeordnet sind, und derselbe sich daher der Hülfe anderer Beamten bedient hat, so kann er die zulässigen Meilengelder, Schreib-, Kalkulatur-, Dollmetscher- und Exekutionsgebühren, so wie Emballagekosten als baare Auslagen liquidiren, welche hiernächst von den Parteien neben dem Pausch-Quantum erhoben werden dürfen.

5) In jedem Falle können außer den Pausch-Quanten noch gefordert werden:
   a. das erwachsene, oder nachzuliquidirende Porto;
   b. die zulässigen Reise- und Zehrungskosten der gerichtlichen Beamten, Zeugen und Sachverständigen, nach näherer Bestimmung der Allgemeinen Gebühren-Taxe vom 23. August 1815. Doch können Exekutoren nur Zehrungskosten, nicht aber Meilengelder liquidiren;
   c. die Gebühren ausländischer Gerichte, in sofern zwischen den beiden Staaten keine wechselseitige Gebührenfreiheit besteht;
   d. überhaupt alle sonstige Auslagen, welche das Gericht, bei welchem der Prozeß anhängig ist, aus seiner Sportel-Kasse bezahlen müßte.

(Zum Abschnitt III. Nr. 1.)

1) **Rescript** vom 16. Juni 1834 (extraktweise), betreffend den Kostenansatz in Bagatellsachen.

Dem Königlichen Gerichtsamte wird auf die in dem Bericht vom 26. April d. J. enthaltenen Anfragen:

wegen des Ansatzes der Kosten in Bagatellsachen nach der Sporteltaxe vom 9. Oktober v. J.

Folgendes zum Bescheide ertheilt:

Zu 1) Wenn der zur Vervollständigung der Klage vorgeladene Kläger der angestellten Klage entsagt, so kann vom Gericht nur das im Abschnitt III. 1. a. bestimmte Pausch-Quantum liquidirt werden, denn die Bestimmung unter 1. a. setzt voraus, daß die Klage für substantiirt geachtet und zugelassen, demnächst aber derselben entsagt worden ist, was bei der vom Königlichen Gerichtsamt aufgeworfenen Frage nicht der Fall ist.

Zu 2) Das unter Nr. 1. Litt. c. desselben Abschnitts gestattete Pausch-Quantum kann nur dann zum Ansatz kommen, wenn in Folge kontradiktorischer Verhandlung erkannt worden ist; haben sich daher die Parteien vor dem Erkenntniß verglichen, so kann nur das Pausch-Quantum unter Nr. 1. b. liquidirt werden.

Zu 5) Werden bei einer aus mehreren Punkten bestehenden Sache einige Punkte durch Entsagung, Anerkenntniß oder Vergleich, andere durch Entscheidung beseitigt, so werden die Kosten-Pausch-Quanta nach Höhe der einzelnen Punkte mit Rücksicht auf die Sätze Nr. 1. b. und c. berechnet und angesetzt.

Zu 9) In denjenigen Bagatellsachen, welche keiner Schätzung nach Gelde fähig sind, muß ein Werth vom Richter arbitrirt und danach eins der nach Nr. 1. a. b. c. Abschn III. der Gebührentaxe zulässigen Pausch-Quanta bestimmt werden.

(v. K. Jhrb. Bd. 43. S. 572.)

2) **Rescript** vom 24. November 1836 (extraktweise) betreffend die Unzulässigkeit des Kostenansatzes in Bagatellsachen, wenn die Klage, noch ehe darauf verfügt worden, zurückgenommen worden, desgleichen den Anspruch der Kanzlei auf einen Antheil an dem Pausch Quantum, wenn in der Sache nichts zu schreiben gewesen.

Auf Ihre Anfrage vom 5. d. M. wegen Auslegung verschiedener Vorschriften der Verordnung vom 1. Juni und der Gebühren-Taxe vom 9. Oktober 1833 wird Ihnen hierdurch Folgendes eröffnet:

Zu 4) Der Ansatz eines Pausch-Quantums in Bagatellsachen nach Abschnitt III. Nr. 1. der Gebühren-Taxe vom 9. Oktober 1833 setzt voraus, daß auf die eingereichte Klage wenigstens eine Verfügung des Richters, sei es durch Zurückweisung der Klage, durch Vorladung Behufs der Substantiirung derselben oder durch Vorladung zur Instruktion der Sache erlassen worden.

Wird die Klage zurückgenommen, ehe darauf verfügt worden, so fällt der Ansatz von Kosten ganz weg.

Die Kanzlei kann auf den Antheil am Gebühren-Pausch-Quantum nach Maaßgabe der Allerhöchsten Ordre vom 9. Oktober 1833 in jedem Falle Anspruch machen, auch wenn sie in der Sache selbst nichts zu schreiben gehabt hat, da in jener C. O. kein Unterschied gemacht worden ist, eine solche Unterscheidung auch nur eine unnütze Vermehrung der Arbeit, besondere Prüfungen und Atteste herbeiführen würde.

(v. K. Jhrb. Bd. 48. S. 450.)

3) **Reseript** vom 18. Februar 1837, daß von dem Pausch-Quantum einer Bagatellsache, im Falle das Erkenntniß auf eingelegte Nichtigkeitsbeschwerde annullirt und die Niederschlagung der Erkenntnißgebühren verordnet wird, ein Drittheil als Urtelsgebühren anzusehen.

a.

In der Bagatellsache des Einwohners Friedrich K. zu W. wider den Oberamtmann W. daselbst, wegen 15 Rthlr. 15 Sgr. Dienstlohn, hat das Königliche Geheime Ober-Tribunal auf die Nichtigkeitsbeschwerde des durch Erkenntniß unseres Kommissarius für Verhandlung und Entscheidung der Bagatellsachen ad petita verurtheilten Verklagten mittelst Urtheils vom 16. November 1836 das erste Erkenntniß vernichtet, die Kosten desselben niedergeschlagen, die Kosten des Nichtigkeits-Verfahrens kompensirt, in der Sache selbst aber den Kläger abgewiesen und ihn in die Kosten des Hauptprozesses verurtheilt. Die Ausführung dieses Erkenntnisses rücksichtlich der niedergeschlagenen Kosten des kassirten Urtels ist bedenklich. Das Geheime Ober-Tribunal hat sich bei Festsetzung des Kostenpunkts streng an die Bestimmung des §. 17. der Verordnung vom 14. Dezember 1833 über das Rechtsmittel der Revision und Nichtigkeitsbeschwerde gehalten. Dieser §. scheint aber den Fall, daß für die Entscheidung und die Verhandlung einer Bagatellsache in erster Instanz die Gebühren-Taxe vom 9. Oktober 1833 Abschnitt III. zusammen ein Pausch-Quantum festgesetzt hat, ohne davon für das Erkenntniß eine bestimmte Quote auszuwerfen, nicht berücksichtigt zu haben.

Wir halten unter diesen Umständen die Niederschlagung des ganzen Pausch-Quanti, der darin mit begriffenen Instruktions-Gebühren halber, für unzulässig, sind aber auch darüber in Zweifel, wie viel von den Pauschgeldern auf das Erkenntniß gerechnet und zur Niederschlagung geeignet erachtet werden soll.

Euer Excellenz bitten wir daher mit Rücksicht auf die Hochdenenselben beigelegte Befugniß die Gebühren-Taxe zu deklariren,

Publ. Patent der Gebühren-Taxe vom 23. August 1815, ehrerbietigst, hochgeneigtest zu bestimmen,

wie viel von den Pauschgeldern einer Bagatellsache, im Falle das Erkenntniß auf eingelegte Nichtigkeitsbeschwerde annullirt und die Niederschlagung der Erkenntnißgebühren nach §. 17. der Verordnung vom 14. Dezember 1833 verordnet wird, als Urtelsgebühren angesehen und niedergeschlagen werden soll?

Nachdem in der Gebührentaxe vom 23. August 1815 angenommenen Verhältnisse der gesammten Kosten eines Prozesses der ersten Kolonnen zu den einfachen Erkenntnißgebühren, welches sich etwa wie 3. zu 1. stellt, würde eventualiter ein Drittheil der Pauschgelder als Urtelsgebühren anzusehen und niederzuschlagen sein. Dem höheren Ermessen Ew. Excellenz stellen wir jedoch anheim, ob dieses oder ein anderes Verhältniß bei Entscheidung der vorliegenden Frage zur Anwendung zu bringen sein möchte.

Halberstadt, den 27. Januar 1837.

Das Ober-Landesgericht.

b.

Auf die Anfrage in dem Berichte vom 27. v. M. wie viel von dem Pausch-Quantum einer Bagatellsache, im Fall das Erkenntniß auf eingelegte Nichtigkeitsbeschwerde vernichtet, und die Niederschlagung der Erkenntnißgebühren angeordnet wird, als Urtelsgebühren anzusehen und niederzuschlagen sind, wird dem Königlichen Ober-Landesgerichte hierdurch eröffnet, wie der Justiz-Minister mit der Ansicht des Kollegiums einverstanden ist, daß ein Drittheil der Kosten-Pauschsumme erster Instanz auf die Kosten des vernichteten Erkenntnisses zu rechnen und niederzuschlagen ist.

Berlin, den 18. Februar 1837.

(v. K. Jhrb. Bd. 49. S. 237.)

(Zu Abschnitt III. Nr. 2.)

1) **Rescript** vom 16. Juni 1834 (extraktweise), betreffend den Kostenansatz in Bagatellsachen bei Zurückweisung der Appellationsbeschwerden.

Dem Königlichen Gerichtsamt wird auf die in dem Berichte vom 26. April d. J. enthaltenen Anfragen Folgendes zum Bescheide ertheilt:

Zu 6) Werden gegen ein in erster Instanz ergangenes Erkenntniß in Bagatellsachen vom unterliegenden Theile Einwendungen gemacht, und per decretum zurückgewiesen, so ist dies für eine Zurückweisung der Appellations-Beschwerden zu erachten, für welche das unter Nr. 1. a. bestimmte Pausch-Quantum zulässig ist.

(v. K. Jhrb. Bd. 43. S. 572.)

2) **Rescript** vom 19. Februar 1834, betreffend die Bestimmung, welchem Gericht das in der Appellations-Instanz in Bagatellsachen zu liquidirende Pausch-Quantum zusteht; s. weiter unten zu Abschnitt III. Nr. 4.

(Zum Abschnitt III. Nr. 3.)

1) **Rescript** vom 25. Januar 1834 nebst Bericht, zur Erläuterung der Gebührentaxe vom 9. Oktober 1833, Abschnitt III. Nr. 3. b. betreffend den Kostenansatz in der Exekutions-Instanz in Bagatellsachen.

Bei Anwendung des gedachten Abschnitts der neuen Gebührentaxe haben sich, da die Vollstreckung der Exekution nicht immer Beitreibung von Geldsummen, sondern auch Handlungen oder Verhaftungen zum Gegenstande hat, mehrfache Bedenken ergeben.

Um Reklamationen vorzubeugen, und nicht in die unangenehme Lage zu kommen, angenommene Grundsätze ändern zu müssen, erlauben wir uns, Ew. Excellenz unsere Ansicht über den Ansatz der Gebühren bei erfolgter Vollstreckung der Exekution in Bagatellsachen ganz gehorsamst vorzutragen, und um hochgeneigte Vorbescheidung zu bitten.

In dem Bagatell-Prozesse sollen

bei erfolgter Vollstreckung der Exekution außer dem Satze Nr. 3. a. $1\frac{1}{2}$ Sgr. für jeden Thaler der wirklich beigetriebenen Summe liquidirt werden.

Hiernach kann der Satz zu b.

1) keine Anwendung finden, wenn bei der Insinuation des Notifikatorii die bereits erfolgte Befriedigung des Extrahenten der Exekution von dem Exequendo nachgewiesen — oder wenn die Exekution zwar vollstreckt wird, jedoch fruchtlos ausfällt.

Dazwischen liegt aber

2) der Fall, wo der Schuldner erst im Laufe der Aufkündigungsfrist nachweiset, daß er den Extrahenten befriedigt hat. Hier ist der Exequendus durch die wirklich erfolgte Antretung der Exekution vermogt worden, Zahlung zu leisten, und er ließ es nicht nur zu dem äußersten Grade der Vollstreckung, der wirklichen Auspfändung kommen, — daher wir in diesem Falle $1\frac{1}{2}$ Sgr. vom Thaler der Summe, auf welche die Exekution verhängt wurde, liquidiren würden.

3) Würden bei der Vollstreckung der Exekution nicht baares Geld, sondern Sachen abgepfändet und verkauft, so wird von jedem Thaler des Betrags der Lösung, nach Abzug der Kosten der Auktion, der Ansatz Nr. 3. b. statt finden.

4) Ist die Abpfändung von Effekten erfolgt, der Extrahent der Exekution zeigt aber hiernächst an,

a. daß er befriedigt sei und die Freigebung der Sachen bewillige, oder

b. er bewilligt bloß die Freigebung der Sachen, ohne seiner Befriedigung zu erwähnen,

so würden $1\frac{1}{2}$ Sgr. von jedem Thaler der Summe zu liquidiren sein, wegen welcher die Auspfändung erfolgte, da der Extrahent durch die wirkliche Vollstreckung der Exekution seine Befriedigung erlangt hat, oder doch in dem Falle ad b. angenommen werden muß, daß er befriedigt sei.

Dagegen kann der Satz Nr. 3. b. keine Anwendung finden, wenn zwar Sachen abgepfändet sind, der Extrahent aber deren Freigebung wegen angemeldeter Interventions-Ansprüche bewilligt, weil hier die Vollstreckung der Exekution für ihn ohne Erfolg blieb.

5) Bei Vollstreckung der Exekution auf Herausgabe

a. von Sachen, deren Werth im Mandate angegeben ist, würde der Ansatz Nr. 3. b. von jedem Thaler des Werthes der Sachen zu liquidiren sein, welche wirklich vorgefunden und herausgegeben worden.

b. Konstirt dagegen der Werth der Sachen nicht, so ermangelt ein Maaßstab, nach welchem die Gebühren für Vollstreckung der Exekution zu liquidiren sind, und halten wir dafür, daß in diesem Falle nach der Gebührentaxe vom 23. August 1815 zu liquidiren sei.

6) Ist die Exekution in das Mobiliar-Vermögen des Exequendus fruchtlos ausgefallen, und es wird dieselbe hiernächst auf Herausgabe eines Verzeichnisses des Vermögens des Schuldners vollstreckt, und dieser zur Ableistung des Manifestations-Eides sistirt, oder zum Schuldarreste gebracht, und der Gläubiger erlangt dadurch seine Befriedigung, so würden 1½ Sgr. von jedem Thaler, auf welchen das Mandat lautet, zu liquidiren und eben so zu verfahren sein, wenn der Gläubiger die Entlassung des Schuldners aus dem Arreste bewilligt, ohne seiner Befriedigung zu erwähnen, weil in diesem Falle angenommen werden muß, daß er, ohne Zahlung erlangt zu haben, das angewendete Zwangsmittel nicht aufgegeben haben würde.

7) Für die Vollstreckung einer executio ad faciendum überhaupt, welche in den Exmissions-Klagen, wenn auf Räumung der Wohnung erkannt wird, so häufig vorkommt, — ferner für Sistirung eines ungehorsam ausgebliebenen Zeugen, so wie für Verhaftungen im Wege des Arrestes, enthält der Abschnitt 3. der Gebührentaxe vom 9. Oktober pr. keinen Ansatz, und glauben wir daher für solche Fälle die Bestimmungen der Gebührentaxe vom 23. August 1815 anwenden zu können.

Ob die vorstehend aufgestellten Ansichten von Ew. Excellenz gebilligt werden, darüber bitten wir um hochgeneigte Vorbescheidung ganz gehorsamst.

Berlin, den 3. Januar 1834.

Das Königliche Stadtgericht ist nach Inhalt des, über die Anwendung des Abschnitts 3. Nr. 3 b. der Gebührentaxe vom 9. Oktober v. J., am 3. d. M. erstatteten Berichts der Meinung, daß:

1) der Satz zu b. keine Anwendung finden könne, wenn bei der Insinuation des Notifikatorii die bereits erfolgte Befriedigung des Extrahenten der Exekution von dem Exequendo nachgewiesen, oder wenn die Exekution zwar vollstreckt werde, jedoch fruchtlos ausfalle;

2) in dem Falle aber, wo der Schuldner erst im Laufe der Ankündigungsfrist nachweise, daß er den Extrahenten befriedigt habe, 1½ Sgr. vom Thaler der Summe, auf welche die Exekution verfügt wurde, zu liquidiren wären;

3) wenn bei der Vollstreckung der Exekution nicht baares Geld, sondern Sachen abgepfändet und verkauft würden, von jedem Thaler des Betrags der Lösung, nach Abzug der Kosten der Auktion, der Ansatz Nr. 3. b. statt finde;

4) wenn die Abpfändung von Effekten erfolgt sei, der Extrahent der Exekution aber hiernächst anzeige:

a. daß er befriedigt sei und die Freigebung der Sachen bewillige, oder

b. wenn er bloß die Freigebung der Sachen bewillige, ohne seiner Befriedigung zu erwähnen,

1½ Sgr. von jedem Thaler der Summe zu liquidiren sein würden, wegen welcher die Auspfändung erfolgte; dagegen der Satz Nr. 3 b. keine Anwendung finden könne, wenn zwar Sachen abgepfändet seien, der Extrahent aber deren Freigebung wegen angemeldeter Interventions-Ansprüche bewillige;

5) bei Vollstreckung der Exekution auf Herausgabe von Sachen, deren Werth im Mandate angegeben sei, der Ansatz Nr. 3. b. von jedem Thaler des Werthes der Sachen zu liquidiren sein würde, welche wirklich vorgefunden und herausgegeben worden;

6) wenn die Exekution in das Mobiliar-Vermögen des Exequendus fruchtlos ausgefallen sei, dieselbe hiernächst auf Herausgabe eines Verzeichnisses des Vermögens des Schuldners vollstreckt, und dieser zur Ableistung des Manifestationseides sistirt, oder zum Schuldarreste gebracht werde, und der Gläubiger dadurch seine Befriedigung erlange, 1½ Sgr. von jedem Thaler, auf welchen das Mandat laute,

zu liquidiren wären, und ebenso zu verfahren sein würde, wenn der Gläubiger die Entlassung des Schuldners aus dem Arreste bewillige, ohne seiner Befriedigung zu erwähnen.

Mit diesen Ansichten ist der Justizminister einverstanden. Dagegen ist die zu 3. b. des Berichts aufgestellte Meinung:

daß in dem Falle, wenn bei Vollstreckung der Exekution auf Herausgabe von Sachen der Werth derselben nicht konstire, nach der Gebührentaxe vom 23. August 1815 zu liquidiren sei,

nicht die richtige.

Die Anwendung des Abschnitts 3. Nr. 3. b. der Gebührentaxe vom 9. Oktober v. J. auf vorbezeichneten Fall, setzt voraus:

daß der Prozeß überhaupt einen Gegenstand bis 50 Rthlr. an Werth betrifft, mithin zu den Bagatellprozessen gehört.

Es läßt sich daher erwarten, daß der Werth der herauszugebenden Sachen schon bei Einleitung des Prozesses festgestellt worden ist. Sollte dies nicht der Fall sein, so ist der Werth der abgepfändeten Sachen vom Exekutor nach pflichtmäßigem Ermessen anzugeben, und hiernach die Höhe der Exekutionsgebühren vom Gericht festzusetzen.

Auf die Allgemeine Gebührentaxe vom 23. August 1815 kann bei Bagatellprozessen nicht zurückgegangen werden.

Was endlich den zu 7. des Berichts erwähnten Gegenstand betrifft: so kommt es auch

bei einer Exekution ad faciendum,
bei der Sistirung eines ungehorsam ausgebliebenen Zeugen,
so wie bei Verhaftungen im Wege des Arrestes,

hinsichts der dafür anzusetzenden Gebühren zunächst darauf an:

ob der Prozeß — in Folge dessen die Exekution vorkommt — zu den Bagatellprozessen (bis 50 Rthlr. incl.) gehört, oder nicht.

Im letztern Falle kann nicht die Bestimmung des Abschnitts 3. Nr. 3 b. der Gebührentaxe vom 9. Oktober v. J., sondern nur die Allgemeine Gebührentaxe vom 23. August 1815 zur Anwendung kommen; wogegen im erstern Falle die Gebühren nur nach jener Bestimmung der neuen Gebührentaxe in Ansatz zu bringen sind.

Läßt sich dabei das Objekt der Exekution nicht nach Geld abschätzen, so hat das Königliche Stadtgericht für die nicht vergeblich vollstreckte Exekution ein Pausch-Quantum innerhalb der Grenzen der Gebührensätze bei einem Objekt bis 50 Rthlr, mit Berücksichtigung des speziellen Falls abzumessen und festzusetzen.

Berlin, den 25. Januar 1834.
(v. K. Jhrb. Bd. 43. S. 177.)

2) **Rescript** vom 19. Februar 1834 nebst Bericht (extraktweise), betreffend den Kosten-Ansatz in der Exekutions-Instanz in Bagatellsachen.

Aus Veranlassung einer Anfrage eines Untergerichts sind wegen Auslegung und Anwendung der neuen Gebührentaxe verschiedene Meinungen in unserm Kollegio entstanden, die uns veranlassen, Ew. Excellenz solche zur Entscheidung gehorsamst vorzulegen.

2) Wird im dritten Abschnitt sub Nr. 3. der Gebührentaxe bei den Gebührensätzen unterschieden, ob die Vollstreckung der Exekution erfolgt sei, oder nicht. Bei erfolgter Vollstreckung soll außer dem Satze sub a. noch $1\frac{1}{2}$ Sgr. für jeden Thaler der wirklich beigetriebenen Summe gezahlt werden. In Erwägung nun, daß die Bestimmung der ältern Gebührentaxe nicht aufgehoben ist, wonach der Extrahent der Exekution die Exekutionskosten vorschießen muß, und solche mit beigetrieben werden, entsteht die Frage: wie hier zu verfahren.

Da der Satz sub b. nur von der wirklich beigetriebenen Summe berechnet wird, so folgt daraus wohl, daß die hier gedachten $1\frac{1}{2}$ Sgr. erst nach erfolgter Beitreibung berechnet und zum Ansatz gebracht werden können. Der Exekutor muß sie aber von dem Schuldner zugleich mit der Forderung selbst beitreiben. Wenn das gepfändete Objekt zur Befriedigung des Gläubigers nicht ausreicht, so scheint es, falls dieser nicht das Armenrecht genießt, zulässig, zunächst die Exekutionskosten von der beigetriebenen Summe abzuziehen. Es kann aber ferner der Fall eintreten, daß der Exekutor sich bei dem Schuldner einlegt, ja, daß er die verschiedenen Grade der Exekution versucht, ohne unmittelbar von der schuldigen Summe etwas beigetrieben zu haben; die Vollstreckung der Exekution ist hier im gesetzlichen Sinne erfolgt, jedoch scheinbar ohne Resultat; der Schuldner hat vielleicht seine Deckungsmittel verheimlicht oder versteckt, und befriedigt nun freiwillig den Gläubiger, oder vereinigt sich auf andere Weise mit ihm. Hier hat der Exekutor unmittelbar nichts beigetrieben, und nach wörtlicher Auslegung würde also das Gericht nichts als den Satz sub a. der Taxe erhalten; andererseits ist aber die Vollstreckung erfolgt und der Schuldner dadurch zur Zahlung vermocht worden; mithin scheint uns auch für diesen Fall der Satz von $1\frac{1}{2}$ Sgr. gerechtfertigt.

Arnsberg, den 28. Januar 1834.

Auf die in dem Berichte vom 28. v. M. aufgestellten Anfragen wird dem Königlichen Hofgericht Nachstehendes eröffnet:

ad 2) Die Bedenken rücksichtlich des im dritten Abschnitt der Gebührentaxe unter Nr. 3. b. aufgeführten Satzes sind in der Verfügung vom 25. v. M. zum großen Theile erledigt, und ist der Justizminister mit dem Kollegium dahin einverstanden, daß, wenn das abgepfändete Objekt nicht hinreicht, um den Gläubiger zu befriedigen und zugleich die Exekutionskosten daraus zu entnehmen, die letztern von der beigetriebenen Summe vorweg abzuziehen sind, wenn nicht der Gläubiger zum Armenrecht verstattet werden muß.

(v. K. Jhrb. Bd. 43. S. 172.)

3) **Rescript** vom 16. Juni 1834 (extraktweise), betreffend den Kostenansatz in der Exekutions-Instanz in Bagatellsachen.

Dem Königlichen Gerichtsamt wird auf die in dem Berichte vom 26. April d. J. enthaltenen Anfragen Folgendes zum Bescheide ertheilt:

Zu 3) Bei Berechnung des unter Nr. 3. litt. b. bestimmten Pausch-Quantums in der Exekutions-Instanz kommt es nicht auf die beizutreibende, sondern auf die wirklich beigetriebene Summe an; daraus geht hinlänglich hervor, daß es gleichgültig ist, ob diese beigetriebene Summe in Kapital, Zinsen oder anderen Entschädigungen des Exekutionssuchers besteht.

Zu 4) Das Pausch-Quantum Nr. 3. litt. b. ist für die ganze Exekutions-Instanz bestimmt, wenn daher früher die Exekution in das Mobiliare vergeblich gewesen, und deshalb der Satz Nr. 3. a. bezahlt worden, später jedoch durch Arreste, Ueberweisungen u. s. w. die Befriedigung des Exekutionssuchers herbeigeführt worden ist, so kann dafür das Pausch-Quantum Nr. 3. litt. b. — jedoch mit Anrechnung des bereits erhobenen Pausch-Quantums Nr. 3. litt. a. — erhoben werden; Kopialien oder Meilengelder neben dem Pausch-Quantum sind nicht zulässig.

(v. K. Jhrb. Bd. 43. S. 572.)

4) **Rescript** vom 24. November 1836 (extraktweise), betreffend den Gebührensatz in der Exekutions-Instanz in Bagatellsachen, wenn Dilation bewilligt, und wenn die Ueberweisung oder Anweisung eines Aktivi erfolgt.

Auf Ihre Anfrage vom 5. d. M. wird Ihnen Folgendes eröffnet:

Zu 5) Der Justizminister tritt der Ansicht bei, daß, wenn vom Exekutionssucher eine Nachsicht bewilligt worden ist, der erneuerte Antrag auf Exekution die nochmalige Einforderung des Abschnitt 3. Nr. 3. litt. a. der Gebührentaxe vom 9. Oktober 1833 festgesetzten Pausch-Quantums von 3 bis 6 Sgr. rechtfertigt; daß letzteres aber nicht angesetzt werden darf, wenn der Exekutionssucher, ohne eine Nachsicht zu bewilligen, nach einander verschiedene Objekte der Exekution in Vorschlag gebracht hat; indem alsdann seine Anträge nur eine Fortsetzung des ursprünglichen Exekutionsgesuchs sind.

Endlich geht die Ansicht des Justiz-Ministers dahin, daß, wenn der Extrahent sich Aktiva des Exequendus überweisen läßt, das a. a. O. unter litt. b. festgesetzte Pausch-Quantum $1\frac{1}{2}$ Sgr. für jeden Thaler erhoben werden darf, die Ueberweisung mag eine Uebereignung oder eine bloße Anweisung zum Zweck haben, weil in beiden Fällen eine Novation eintritt, so daß die im Falle der Assignation mögliche Wiederaufnahme der Exekution nicht als eine fortgesetzte, sondern nur als eine erneuerte Exekution behandelt werden kann.

(v. K. Jhrb. B 48. S. 450.)

4) **Reseript** vom 28. Februar 1837 nebst Bericht, betreffend die Zulässigkeit der Auktions-Gebühren in Bagatellsachen.

a.

In einem bei uns verhandelten Bagatellprozesse kam es zur Vollstreckung der Exekution, bei welcher dem Schuldner mehrere Mobilien abgepfändet wurden, deren Verkauf im Wege der Exekution beim Mangel eines Auktionskommissarius unserm Sekretair übertragen ward. Letzterer liquidirte dafür die nach Abschnitt 4. Nr. 9. der Allgemeinen Sporteltaxe zulässigen Sätze; allein, wenn wir gleich der Ansicht sind, daß die Billigkeit dafür spricht, einer Gerichtsperson, die neben den ihr obliegenden Berufsgeschäften auch noch außerordentliche Arbeiten nur deshalb übernimmt, weil ein Auktionskommissarius nicht am Orte existirt, dafür eine Remuneration zukommen zu lassen, indem namentlich auch der Schuldner im entgegengesetzten Falle durch die Ersparung der einem angestellten Auktionator zustehenden Gebühren einen von ihm nicht zu beanspruchenden Vortheil genießen würde: so können wir doch bei der Vorschrift der Gebührentaxe für den Mandats-, summarischen und Bagatellprozeß vom 9. Oktober 1833 Abschnitt 3. Nr. 4., wonach bei Bagatellprozessen in der Exekutions-Instanz außer dem Pausch-Quantum weder Exekutions- noch Kommissions-Gebühren für Geschäfte am Orte des Gerichts liquidirt werden dürfen, die aufgestellte Liquidation ohne Weiteres nicht passiren lassen, und erlauben uns, Ew. Excellenz um hochgeneigte Belehrung über das von uns in Fällen der vorliegenden Art zu beobachtende Verfahren ehrerbietigst zu ersuchen.

Wernigerode, den 14. Februar 1837.

b.

Der Gräflich Stolberg-Wernigerodeschen Regierung wird auf die Anfrage vom 14. d. M.

wegen der Auktionsgebühren in Bagatellsachen

hierdurch Folgendes eröffnet:

Da die öffentliche Versteigerung der in Bagatellprozessen bei Vollstreckung der Exekution abgepfändeten Gegenstände für ein besonderes Geschäft zu erachten ist, und die dafür zulässigen Gebühren jedenfalls von der Auktions-Losung abgezogen werden müssen, wenn die Versteigerung durch einen besonderen Auktionskommissarius vorgenommen wird: so findet der Justizminister kein Bedenken, die Erhebung der Auktionsgebühren neben dem in der Exekutions-Instanz zulässigen Pausch-Quantum auch für den Fall zu gestatten, wenn die Versteigerung durch einen Beamten des Gerichts erfolgt ist.

Ob dagegen diese Auktions-Gebühren zur Kasse des Gerichts einzuziehen, oder dem Beamten als Kommissions-Gebühren zu gestatten, muß in jedem einzelnen Falle nach der Berechtigung des Beamten zum Genusse von Kommissions-Gebühren beurtheilt werden.

Berlin, den 28. Februar 1837.

(v. K. Jhrb. Bd. 49. S. 242.)

(Zum Abschnitt III. Nr. 4.)

1) **Reseript** vom 19. Februar 1834 nebst Bericht (extraktweise), betreffend die Bestimmung, welchem Gericht das in der Appellations-Instanz in Bagatellsachen zu liquidirende Pausch-Quantum zusteht.

Aus Veranlassung einer Anfrage eines Untergerichts sind wegen Auslegung und Anwendung einiger Sätze der in rubro allegirten neuen Gebührentaxe verschiedene Meinungen in unserm Kollegio entstanden, die uns veranlassen, Ew. Excellenz solche zur Entscheidung gehorsamst vorzulegen.

1) Ist im dritten Abschnitt der besagten Taxe sub 4. gesagt, daß die im Bagatell-Prozesse bestimmten Pausch-Quanta alle wirkliche Gerichtsgebühren vertreten sollen, daß es keinen Unterschied mache, ob bei dem Prozesse das Gericht, bei welchem er anhängig, allein zu thun habe, oder ein anderes inländisches Gericht, und daß das Hauptgericht, bei welchem der Prozeß anhängig, das Pausch-Quantum allein beziehe, für die requirirten oder beauftragten Gerichte aber keine Gebühren erhoben werden könnten.

Es ist hierbei die Frage entstanden, wie es zu halten, wenn in einer solchen Bagatellsache ein Untergericht erkannt hat, und von seinem Urtheile appellirt wird, ob dann das Pausch-Quantum der Appellations-Instanz getheilt werde, oder ob es dem Obergericht allein zukomme.

Einige sind der letztern Meinung und führen als Gründe an, daß das Gesetz von einer Theilung nichts sage, vielmehr geradezu bestimme, daß das Hauptgericht die Gebühren allein beziehen solle; als Hauptgericht werde dasjenige bezeichnet, bei welchem der Prozeß anhängig sei, sobald aber ein Richter erkannt und gemeinrechtlich auf erhobene Appellation Dimissoriales ertheilt, oder, nach Preußischem Prozeßverfahren, die Appellation zugelassen habe, sei der Prozeß nicht mehr bei ihm anhängig, und was er in zweiter Instanz noch verfüge, sei bloß vorbereitend. Entscheidendes könne er nichts weiter vornehmen. Zudem wisse man auch nicht, nach welchen Grundsätzen eventualiter eine Theilung der Gebühren vorzunehmen, da das Gesetz hierüber nichts enthalte.

Die entgegengesetzte, von der Mehrheit der Mitglieder unsers Kollegiums angenommene Meinung stützt sich aber auf folgende Argumentation.

Die Grundsätze des gemeinen und gewöhnlichen Preußischen Prozeßverfahrens könne man auf den neuern summarischen und Bagatellprozeß nicht anwenden, der Prozeß sei auch in Appellatorio so lange bei dem Richter erster Instanz anhängig, als die Akten noch nicht zur Appellations-Instanz abgesandt wären. Das Gesetz spreche von dem Hauptgerichte, bei welchem der Prozeß anhängig, im Gegensatze von solchen Gerichten, die von ihm zur Abhaltung einzelner Termine, Zeugenvernehmungen ꝛc. requirirt oder beauftragt worden. In Appellatorio wirkten aber hier zwei Gerichte ohne Requisition, und Haupt-Handlungen des Prozesses fielen sowohl beim Richter erster als zweiter Instanz vor. Es scheine hiernach unbillig, daß, da das Pausch-Quantum für die erste Instanz nur für die Akte bis zur Publikation des Erkenntnisses gezahlt werde, der Richter erster Instanz für die Aufnahme und Rechtfertigung der Appellationsbeschwerde und deren Beantwortung, resp. die Akteneinsendung, nichts erhalten solle, da sie doch in summarischen Sachen über 50 Rthlr. für diese Verhandlung liquidirten. Es könne hieraus, im Fall die Appellation, nachdem sie instruirt, zurückgenommen, mithin die Akten an das Obergericht gar nicht eingesendet würden, das eigenthümliche Verhältniß entstehen, daß, ohnerachtet letzteres von der Sache keine Kenntniß erhalte, doch die Gebühren zu seiner Kasse abgeführt würden.

Aus diesen Gründen glaubt die Majorität des Kollegii auf eine Deklaration hierüber und Bestimmung des Grundsatzes, wonach das Pausch-Quantum zwischen dem Richter erster und zweiter Instanz zu theilen, um so mehr antragen zu müssen, als auch, wenn das Appellatorium beim Unter- und Obergerichte von zwei verschiedenen Anwälten geführt werde, die Frage wegen Theilung des Pausch-Quanti zur Sprache komme.

Arnsberg, den 28. Januar 1834.

Auf die in dem Berichte vom 28. v. M. aufgestellten Fragen:
die Anwendung der Gebührentaxe vom 9. Oktober v. J. betreffend,
wird dem Königlichen Hofgerichte, bei abschriftlicher Uebersendung der zum Abdruck in den Jhrb. für die Preußische Gesetzgebung bestimmten Verfügungen vom 14. und 25. v. M., Nachstehendes eröffnet.

ad 1) Eine Theilung des in der Appellations-Instanz statt der gerichtlichen Gebühren anzusetzenden Pausch-Quantums findet niemals statt. Kommt es bei einer Appellationssache zum mündlichen Verfahren oder ohne dasselbe zur Abfassung des Erkenntnisses bei dem Appellationsrichter, so hat dieser, außerdem aber das Untergericht, welches die Appellation eingeleitet hat, das zulässige Pausch-Quantum allein zu liquidiren und einzuziehen.

In wie fern dagegen eine Theilung des Pausch-Quantums bei den Gebühren der Justiz-Kommissarien eintreten muß, darüber enthält die Verfügung vom 14. v. M. die nähere Anweisung.

Berlin, den 19. Februar 1834.

2) **Rescript** vom 16 Juni 1834 (extraktweise), betreffend die Ansetzung und Einziehung des Pausch-Quantums in der Exekutions-Instanz in Bagatellsachen, wenn die Exekution durch Requisition eines andern Gerichts vollstreckt wird.

Dem Königlichen Gerichtsamte wird auf die in dem Berichte vom 26. April d. J. enthaltenen Anfragen Folgendes zum Bescheide ertheilt.

Zu 7) Daß alle bei Bagatellprozessen zulässigen Pausch-Quanta, mithin auch die in der Exekutions-Instanz gestatteten nur von dem Hauptgericht, bei welchem der Prozeß anhängig ist, liquidirt und bezogen werden dürfen, ist durch die Bestimmung unter Nr. 4. Abschn. 3. der Gebührentaxe vom 9. Oktober 1833 unzweifelhaft entschieden, und dabei muß es bleiben.

Zu 8) Das requirirte Gericht hat für Einziehung und Uebersendung des zulässigen Pausch-Quantums in der Exekutions-Instanz an das requirirende Gericht zu sorgen, das letztere aber hat erst beim Eingange des Schreibens des requirirten Gerichts über den Ausfall der Exekution das Pausch-Quantum zur Soll-Einnahme zu stellen.

(v. K. Jhrb. Bd. 43. S. 572.)

3) **Rescript** vom 24. November 1836 (extraktweise), betreffend die Unzulässigkeit der Kopialien für Kosten-Zahlungs-Mandate und für die Festsetzung der Mandatariengebühren.

Auf Ihre Anfrage vom 5. v. M. wird Ihnen Folgendes eröffnet:

Zu 6) Ist auf die Anfragen mehrerer Gerichte bereits angenommen worden, daß außer dem in Bagatellsachen zulässigen Pausch-Quantum für Kostenzahlungs-Mandate keine Kopialien angesetzt werden dürfen. Eben so unzulässig ist auch der Ansatz von Kopialien für die Dekrete, durch welche die Mandatariengebühren festgesetzt werden.

(v. K. Jhrb. Bd. 48. S. 451.)

4) **Rescript** vom 20. Januar 1835 und 29. Januar 1836, daß für die im Bagatellprozesse von den Justizkommissarien verlangten Protokoll-Abschriften keine besondern Kopialien angesetzt werden können.

Dem Königlichen Gerichtsamte für den Görlitzer Stadtbezirk wird bei Rücksendung der Original-Anlagen der Beschwerde vom 31. Dezember v. J. eröffnet, daß der Justiz-Minister die Verfügung des Königlichen Ober-Landesgerichts zu Glogau vom 20. August v. J. in Bagatellprozessen wegen der unentgeldlichen Ertheilung von Protokoll-Abschriften an die Justiz-Kommissarien völlig angemessen findet, dieselbe daher nicht aufheben, noch dem Gerichtsamte für dergleichen Protokoll-Abschriften besondere Kopialien in Ansatz zu bringen gestatten kann.

Aus der Ertheilung von Protokoll-Abschriften kann keine gegründete Besorgniß wegen Prorogation der Termine entstehen, wenn das Gerichtsamt dafür pflichtmäßig sorgt, daß die Protokoll-Abschriften schleunigst angefertigt und mitgetheilt werden.

Berlin, den 20. Januar 1835.

Dem Königlichen Ober-Landesgericht wird in Folge der Beschwerde des dortigen Justizkommissarius L. vom 18. d. M. hierdurch eröffnet, daß der Justizminister der in der Verfügung vom 23. Dezember v. J. ausgesprochenen Ansicht des Kollegiums,

nach welcher in Bagatellsachen nur die in den §§. 63. und 72. der Verordnung vom 1. Juni 1833 erwähnten Abschriften kostenfrei gefordert werden können,

nicht beizutreten vermag, die Gerichte vielmehr für verpflichtet erachtet, den Justiz-Kommissarien auch von anderen Protokollen auf Verlangen Abschrift zu ertheilen, ohne daß dafür, außer dem allgemeinen Pausch-Quantum, besondere Kopialien gefordert werden dürfen.

Dies ist bereits in einer bei einer andern Gelegenheit erlassenen abschriftlich beiliegenden Verfügung des Justizministers vom 20. Januar v J. ausgesprochen worden, nach welcher sich das Königliche Ober-Landesgericht selbst zu achten und die Untergerichte seines Departements mit Anweisung zu versehen hat.

Berlin, den 29. Januar 1836.)

(v. K. Jhrb. Bd. 47. S. 357.)

Vierter Abschnitt.

Gebühren der Justiz-Kommissarien, in dem Mandats-, dem summarischen und dem Bagatellprozesse.

Die Gebühren der Justizkommissarien sind nach dem ersten Abschnitte der Gebührentaxe für Justizkommissarien vom 23. August 1815, und deren Erläuterungen, mit folgenden Aenderungen anzusetzen:

1) Bei Gegenständen bis 50 Rthlr. einschließlich, erhält jeder Justizkommissar dasselbe Gebühren-Pauschquantum, welches von dem Gericht liquidirt wird.

2) Bei Gegenständen über 50 Rthlr.:
für die Klage, deren Beantwortung, Appellations- und Revisions-Anmeldung, Rechtfertigung und Beantwortung, — eben so viel, wie die Gerichte, bei denen sie die jedesmalige Arbeit einreichen.

3) Für die mündliche Verhandlung vor dem erkennenden Gerichte, eben so viel, wie das Gericht an Urtelsgebühren zu liquidiren befugt ist. (Abschnitt II. Nr. 7. und Allgemeine Anmerk. I.)
Dieser Satz findet nur einmal statt, wenn auch das mündliche Verfahren fortgesetzt werden muß, oder ein Beweisresolut erfolgt.

4) Außer den Gebühren unter Nr. 1. bis 3. und den nach dem ersten Abschnitte der Allgemeinen Gebührentaxe vom 23. August 1815, und deren Erläuterungen noch zulässigen Gebührensätzen können Justizkommissarien nur noch fordern:
   a. Schreibgebühren mit 2½ Sgr. für den Bogen, unter den für die Gerichte erlassenen Bestimmungen. (Abschn. II. Allgem. Anmerkung III. Nr. 1.)
   b. Reise- und Zehrungskosten bei Terminen außerhalb ihres Wohnsitzes nach den bestehenden Bestimmungen,
   c. baare Auslagen für Stempel, Postporto und Botenlohn bei auswärtigen Bestellungen.

5) Wenn die Parteien ihre Schriftsätze oder Vorstellungen durch keine Justizkommissarien anfertigen lassen, so können sie dafür gar nichts liquidiren.

Vorstehende Gebührentaxe ist überall, wo die Verordnung vom 1. Juni dieses Jahres über den Mandats-, den summarischen, und den Bagatellprozeß zur Ausführung kommt, anzuwenden.

Hinsichts der allgemeinen Grundsätze vom Ansatz und von der Einforderung der Kosten und von der Verpflichtung zu deren Tragung und Erstattung, bleibt es bei den Bestimmungen des 23. Titels der Allgemeinen Prozeßordnung und den Einleitungen zu den Allgemeinen Gebührentaxen für die Gerichte und für die Justizkommissarien vom 23. August 1815, und bei den hierauf Bezug habenden späteren Verordnungen.

1) **Rescript** vom 10. Oktbr. 1834, betr. die Zulässigkeit der Informations-Gebühren der Justizkommissarien in Mandatsprozeßsachen.

Der Justizminister hat die im Berichte des Königl. O. L. G. vom 31. Juli c. aufgestellte Frage erwogen, und findet es in Beantwortung derselben zulässig, daß die Justizkommissarien im Mandatsprozesse, gleich wie in andern Prozessen, die nach der Sporteltaxe vom 23. August 1815 zulässigen Gebühren pro informatione liquidiren dürfen, und zwar selbst dann, wenn der Schuldner gegen das erlassene Zahlungsmandat keine Einwendungen vorgebracht hat. Denn eines Theils betrifft das Rescript vom 29. Mai 1826 (Jahrb. Bd. 27. S. 312.) nur Hypotheken-Zinszahlungsgesuche, kann mithin auf den durch die Verordnung vom 1. Juni v. J. begründeten Mandatsprozeß keine Anwendung leiden; andern Theils kommt es hinsichts der Zulässigkeit der Informationsgebühren auch bei andern Prozessen nicht darauf an, ob der Verklagte Einwendungen macht und der Prozeß fortgesetzt wird.
(v. K. Jahrb. Bd. 44. S. 392.)

2) a. **Rescript** vom 14. Januar 1834, betr. die Gebühren der Justiz-Kommissarien in summarischen Prozessen.

Es wird Ihnen auf die Anfrage vom 22. Novbr. v. J. Folgendes hiermit eröffnet.

1) Der Justizminister kann Ihrer Ansicht nicht beitreten, daß es zulässig sei, den Justizkommissarien für die Führung der summarischen Prozesse, außer dem in der

neuen Gebührentaxe vom 9 Oktbr. v. J. bestimmten Satz für die mündliche Verhandlung vor dem erkennenden Gerichte (4ter Abschnitt Nr. 3.), auch noch die nach der Gebührentaxe vom 23. August 1815. zulässigen Instruktionsgebühren zu bewilligen.

Bei Anwendung der Gebührentaxe vom 9. Oktbr. v. J. muß im Allgemeinen als Grundsatz festgehalten werden:

1) daß die Justizkommissarien überhaupt nur für diejenigen Geschäfte liquidiren dürfen, welche nach dem neuen Verfahren noch wirklich vorzunehmen sind;
2) daß die neue Gebührentaxe überall da, wo sie für einzelne Geschäfte besondere Gebührensätze bestimmt, an die Stelle der Allgemeinen Gebührentaxe vom 23. August 1815 getreten ist, und daß daher
3) die nach dieser letztern zulässigen Gebührensätze für einzelne Geschäfte jetzt nur dann liquidirt werden können, wenn die Geschäfte nach dem neuen Verfahren noch vorzunehmen sind, und die neue Gebührentaxe dafür keine besonderen Gebührensätze bewilligt hat.

An die Stelle der Instruktion ist bei dem neuen Verfahren die mündliche Verhandlung vor dem erkennenden Gerichte getreten, und dafür ein besonderer Gebührensatz bestimmt worden. Es kann mithin der Instruktions-Gebührensatz der alten Sporteltaxe nicht neben dem Gebührensatz der neuen Sporteltaxe für die mündliche Verhandlung bewilligt werden.

Dagegen ist es unbedenklich, daß der Justizkommissarius auch jetzt noch außer dem zuletzt erwähnten Gebührensatze

a) für die vor einem besondern Kommissarius abzuhaltenden Termine zur Beweisaufnahme, und
b) für die Abwartung des Klagebeantwortungs-Termins — wenn er auch für die schriftliche Klagebeantwortung bereits liquidirt hat —

die in der Allgemeinen Gebührentaxe für Justizkommissarien Abschn. I. Nr. 3. und 19. bestimmten Gebühren liquidiren kann, und statt dieser Gebührensätze sogar die Instruktions-Gebührensätze der alten Sporteltaxe dann in Ansatz bringen darf, wenn nach §. 20. des Gesetzes vom 1. Juni v. J. die Parteien auf die mündliche Verhandlung vor dem erkennenden Gerichte Verzicht leisten, mithin die Instruktion der Sache schon erfolgt ist.

2) Hinsichts der Gebühren für die Mittheilung des Urtels an die Partei, und die Belehrung und Vernehmung derselben, tritt der Justizminister der Ansicht des Königl. Oberlandesgerichts zu Hamm lediglich bei.

Da nach §. 37. und 51. der Verordnung vom 1. Juni v. J. und §. 42. der Instruktion dazu die Ausfertigungen der Erkenntnisse, nebst beigefügter Belehrung wegen des einzuwendenden Rechtsmittels, von dem erkennenden Gerichte den Parteien unmittelbar insinuirt werden, so ist in vielen Fällen eine weitere Belehrung derselben durch den Justizkommissarius völlig unnöthig. Wenn dagegen, nach Lage der Sache und dem pflichtmäßigen Ermessen des Sachwalters, die besondere Vernehmung als Belehrung der Parteien über das Rechtsmittel nicht überflüssig gewesen ist und wirklich statt gefunden hat, so können für diese Belehrung und Vernehmung die Abschn. I. Nr. 10. der Allgem. Gebührentaxe für Justizkommissarien zulässigen Gebühren liquidirt werden.

3) Bei den Gebührensätzen für die Rechtfertigung und Beantwortung der Revisionsbeschwerden bedarf es keiner Erläuterung der unter Nr. 2. Abschnitt IV. der Gebührentaxe vom 9. Oktbr. v. J. enthaltenen Bestimmungen. Wenn die Justizkommissarien für jene Geschäfte, wie dort bestimmt ist, eben so viel an Gebühren liquidiren dürfen, als die Gerichte, in sofern die Erklärungen der Parteien mündlich zu Protokoll gegeben werden, so haben sie keine Ursache, sich über zu niedrige Gebührensätze zu beschweren. Geschieht dies dennoch, so kann man die Ursache hiervon nur in einer Ueberschätzung ihrer Stellung und ihrer Arbeiten ansehen, bei welchen sehr oft weitläuftige Wiederholungen und unnöthige Rechtsausführungen statt einer bündigen und gründlichen Kürze bemerkt werden, und bei welchen die frühern Gebührensätze sehr oft in einem Mißverhältnisse zu der Arbeit des Justizkommissarius gestanden haben.

(v. K. Jahrb. Bd. 43. S. 103.)

b. **Rescript** vom 6. Mai 1835, denselben Gegenstand betreffend.

Auf Ihre Anfrage vom 1. d. M. wird Ihnen eröffnet:

Die Sporteltaxe vom 9. Oktbr. 1833 bestimmt unter Abschnitt IV. Nr. 3. (G. S. S. 116.);

daß der Justizkommissarius für die mündliche Verhandlung vor dem erkennenden Gericht eben so viel, wie das Gericht an Urtelsgebühren, zu liquidiren befugt ist, und daß dieser Satz nur einmal statt findet, wenn auch das mündliche Verfahren fortgesetzt werden muß oder ein Beweis-Resolut erfolgt.

Hiernach sind unter dem Gebührensatz Nr. 3. sowohl die mündliche Verhandlung selbst, als auch die nach §. 31. 32. der Verordnung vom 1. Juni 1833 vor das erkennende Gericht-gehörige Beweisaufnahme durch Ableistung eines Eides begriffen.

Dagegen gehört die etwanige andere Beweisaufnahme nach §. 33. der Verordnung vom 1. Juni 1833 nicht vor das erkennende Gericht. Deshalb gestattet das Reskript vom 14. Januar v. J. (Jahrb. Bd. 43. S. 193) mit Rücksicht auf den erwähnten §. 33.:

daß Justizkommissarien für die vor einem besondern Kommissarius abzuhaltenden Termine zur Beweisaufnahme die in der Allgemeinen Gebührentaxe für Justizkommissarien Abschn. I. Nr. 3. und 19. der Gebührentaxe vom 23. August 1815 bestimmten Gebühren besonders liquidiren dürfen.

Es unterliegt keinem Bedenken, daß diese Bestimmungen auch bei nicht kollegialischen Gerichten in der Art zur Anwendung kommen müssen, daß die Justizkommissarien befugt sind:

für die in besonderen Terminen erfolgte Beweisaufnahme — so weit solche nicht die Ableistung eines Eides betrifft — die nach Abschn. I. Nr. 3. und 19. der Gebührentaxe vom 23. August 1815 zulässigen Gebühren zu liquidiren.

(v. K. Jahrb. Bd. 45. S. 493.)

3) a. **Reskript** vom 19. Februar 1834 nebst Bericht (extraktweise), betr. die Gebühren und Kopialien der Justizkommissarien in Bagatellsachen.

Aus Veranlassung einer Anfrage eines Untergerichts wegen Auslegung der neuen Gebührentaxe sind in unserm Kollegio verschiedene Meinungen entstanden, die uns veranlassen, Ew. Excellenz solche zur Entscheidung gehorsamst vorzulegen.

3) Die Justizkommissarien sollen nach Abschnitt 4. Nr. 1. bei Gegenständen bis 50 Rthlr. dasselbe Gebühren-Pauschquantum, wie die Gerichte, erhalten. Eins unserer Gerichte ist im Zweifel, ob hier nicht das Quantum gemeint sei, welches den Gerichten, nach Abzug des davon den auf Schreibgebühren angewiesenen Beamten zugewiesenen Antheils verbleibe, indem den Justizkommissarien noch überdies Schreibgebühren zuzuweisen seien. Allein wir halten dafür, daß diese Auslegung nach Nr. 4. l. c. unrichtig, und den Justizkommissarien das volle Pauschquantum, außerdem aber noch die Schreibgebühren, zuzubilligen seien. Inzwischen ist nicht zu verkennen, daß hierdurch die Gebühren der Anwälte in Bagatellsachen sehr hoch zu stehen kommen. Ein großer Mißbrauch wird hin und wieder hinsichtlich der Kommunikationen der Justizkommissarien mit ihren Parteien getrieben, indem sie ihnen alle Verhandlungen und Verfügungen abschriftlich mittheilen, und dann hierfür, so wie für die Briefe selbst, Kopialien ansetzen. Oft ist dies zwecklos, und falls die Partei es nicht etwa ausdrücklich verlangt hätte; wird es ausreichen, wenn der Anwalt in seinem Schreiben die Punkte aushebt, worüber er nähere Information verlange, allenfalls die ihm vom Gerichte mitgetheilten Verhandlungen selbst beischlösse, ohne sie nochmals abschreiben zu lassen. Da inzwischen hierüber gesetzlich nichts feststeht, so nehmen wir Anstand, ohne Zustimmung Ew. Excellenz in dieser Beziehung eine allgemeine Verfügung zu erlassen, bitten vielmehr gehorsamst:

uns mit Bescheidung zu versehen.

Arnsberg, den 28. Januar 1834.

Auf die in dem Berichte vom 28. v. M. aufgestellten Fragen wird dem Königlichen Hofgericht Nachstehendes eröffnet:

ad 3. Anlangend die sub No. 1. Abschn. 4. der Gebührentaxe getroffene Bestimmung, so ist die Auslegung des Kollegiums die richtige, wonach den Justizkommissarien bei Gegenständen bis 50 Rthlr. das volle Pauschquantum der Gerichtsgebühren ohne Abzug des Antheils der auf Schreibgebühren angewiesenen Beamten, und außerdem auch noch der Betrag ihrer Schreibgebühren zugebilligt werden muß.

Die bei dieser Interpretation von dem Königl. Hofgerichte befürchteten Mißbräuche der Justizkommissarien sind, falls sie sich bei Prüfung der Liquidationen zeigen sollten, durch Absetzen der zur Ungebühr veranlaßten Kopialien und nöthigenfalls durch Ordnungsstrafen zu rügen.

Berlin, den 19. Februar 1834.

(v. K. Jahrb. Bd. 43. S. 172.)

b. **Rescript** vom 2. Dezbr. 1836, betr. die Gebühren der Justizkommissarien in Bagatellsachen.

Dem Königl. Oberlandesgericht wird mit Bezugnahme auf dessen Verfügung in dem beim Land und Stadtgericht zu Tecklenburg schwebenden Bagatellprozesse B. gegen H. vom 9. v. M. hierdurch eröffnet, daß der Justizminister der darin entwickelten Ansicht des Kollegiums nicht beitreten kann.

Die Bewilligung des vollen Gebühren-Pauschquantums setzt voraus, daß der Justizkommissarius, welcher darauf Anspruch macht, wenigstens bei dem größten Theile des Prozesses thätig gewesen ist. Wenn er aber nur als Beistand einer Partei in einem Termine auftritt, oder wenn er nur die Klage oder eine andere Prozeßschrift anfertigt, oder nur in einem Theile der Instruktion als Mandatar oder Assistent einer Partei beisteht, so kann ihm nicht das volle Gebühren-Pauschquantum für die ganze Instanz, sondern nur ein verhältnißmäßiger Theil desselben nach Maaßgabe seiner Thätigkeit und Bemühung bewilligt werden. Die Bestimmung der Höhe der zu bewilligenden Gebührensumme muß in jedem Falle dem Ermessen des betreffenden Gerichts überlassen bleiben.

Die Festsetzung der Assistenzgebühren des Justizkommissarius B. in der Eingangs bezeichneten Prozeßsache auf 5 Sgr. findet der Justizminister dem vollen Gebühren-Pauschquantum von 2 Rthlr. 3 Sgr. nicht angemessen, daher solches auf 15 Sgr. zu erhöhen, und hiernach das Weitere zu veranlassen ist.

(v. K. Jahrb. Bd. 48. S. 486.)

c. **Rescript** vom 31. Januar 1837 nebst Bericht, betr. die Gebühren der Justizkommissarien in Bagatellsachen, wenn die Partei dem Prozesse entsagt, ehe die bereits angefertigte Klage dem Gericht eingereicht ist.

Es ist bei uns der Fall vorgekommen, daß ein Justizkommissar, nachdem er wegen eines Bagatell-Objekts einen Prozeß anzustellen beauftragt worden, und die Klage zur Ueberreichung an das betreffende Gericht bereits angefertigt hatte, von seinem Mandanten die Nachricht erhielt, er wolle dem Prozesse entsagen. Der Justizkommissarius liquidirte daher seine Gebühren nach positio 1 b. des dritten Abschnitts der Gebührentaxe vom 9. Oktbr. 1833, nach welcher 1 Sgr. von jedem angefangenen Thaler der eingeklagten Summe zugebilligt werden, wenn die Sache durch Entsagung, Vergleich, Agnitions- oder Kontumazial-Resolution beendigt worden. Das Gericht hielt jedoch diese Position, durch welche zugleich die Bemühung für Abhaltung des Termins vergütigt werden solle, nicht anwendbar, und setzte die Gebühren nach den Sätzen der alten Sporteltaxe pro informatione und für Konzeption der Klage fest. In dem auf eine desfalsige Beschwerde eingeforderten, im Original gehorsamst beigefügten Berichte sucht das Gericht diese Ansicht näher zu begründen, indem es ausführt, daß aus der Vergleichung der mehrgedachten Positionen a. und b. der Sporteltaxe vom 9. Oktbr. 1833 hervorgehe, wie die Anwendung des letztern Satzes einen wirklich angefangenen Prozeß voraussetze, und wenn sie hiernach nicht zulässig sei, wo eingereichte Klagen vor der Prüfung und Zulassung revozirt würden, sie um so weniger dann gerechtfertigt werden könne, wenn die Klage noch nicht einmal eingereicht worden. Da nun die Gebührentaxe vom 9. Oktbr. für solche Fälle keine Bestimmung enthalte, so müßte die nicht unbedingt aufgehobene ältere Sporteltaxe zur Anwendung kommen, event. aber könne nur nach Position 1. a. der neuen Taxe liquidirt werden.

Wir sind mit dieser Ansicht nicht einverstanden; denn wenn eine eingereichte Klage vor der Prüfung und Zulassung in Folge eines Vergleichs oder Entsagung zurückgenommen würde, könnte dieser Fall, insofern es sich um die Gebühren des Gerichts handelte, nur unter die Position 1. b. des dritten Abschnitts subsummirt werden, da die Position a. eine unbegründete Klage voraussetzt. Wenn nun die Justizkommissarien in Bagatellsachen überall gleiche Gebühren mit den Gerichten erhalten sollen, so würden auch sie in diesem Falle nach demselben Satze liquidiren. Ob nun aber die fertige Klage bei den Gerichten wirklich präsentirt ist oder nicht, scheint völlig gleichgültig und in Beziehung auf die zu vergütende Mühe effektlos. Auch scheint endlich die Rücksicht auf die Position a., nach welcher für eine eingereichte und von dem Gericht geprüfte Klage weniger liquidirt werden würde, als wenn Präsentation und Prüfung noch nicht statt gefunden hätte, nicht entgegen zu stehen. Denn es ist wohl angemessen, daß ein Justizkommissar für eine unbegründete, per decretum zurückzuweisende Klage geringer honorirt werde, als für eine an sich zulässige, wenn sie auch noch gar nicht anhängig gemacht worden.

Indessen ist unseres Dafürhaltens die Sache allerdings zweifelhaft, und bitten Euer Excellenz wir deshalb gehorsamst, uns hochgeneigtest bescheiden zu wollen, welche von den beiden vorstehend entwickelten Ansichten die richtige sei.

Arnsberg, den 27. Dezember 1836.

Dem Königl. Oberlandesgericht wird auf den Bericht vom 27. v. M. und Jahres hierdurch eröffnet, daß der Justizminister mit der darin entwickelten Ansicht des Kollegiums überall einverstanden ist, und daher genehmigt, daß der Gebührensatz 1. b. des dritten Abschnitts der Gebührentaxe vom 9. Oktbr. 1833 einem Justizkommissar auch dann bewilligt wird, wenn die Einreichung der bereits angefertigten Klage nach Anweisung seines Mandanten unterbleiben soll.

Berlin, den 31. Januar 1837.

(v. K. Jahrb. Bd. 49. S. 244.)

4) **Rescript** vom 14 Januar 1834 nebst Bericht, betr. die Gebühren der Justizkommissarien in der Appellations-Instanz in Bagatellsachen.

Nach der Gebührentaxe vom 9. Oktbr. 1833. Abschn. IV. erhält bei Gegenständen bis 50 Rthlr. einschließlich jeder Justizkommissarius dasselbe Gebühren-Pauschquantum, welches von dem Gerichte liquidirt wird.

Da nun nach Abschn. IV. Nr. 1. das Pauschquantum in erster Instanz nur statt der Kosten bis zu erfolgter Publikation und Behändigung des Erkenntnisses, das Pauschquantum für die Appellationsinstanz aber beim Oberlandesgerichte liquidirt wird, obwohl in Sachen von 20 bis 50 Rthlr. noch die Rechtfertigung und Beantwortung der Appellation beim Untergericht vorkommen, so ist der Zweifel entstanden: ob die Justizkommissarien, welche beim Untergericht die Appellations-Rechtfertigung und Beantwortung verfassen, dafür weiter nichts erhalten, oder ob und in welcher Art sie das für die Appellationsinstanz den Justizkommissarien zugelegte Pauschquantum mit den beim Oberlandesgericht auftretenden Justizkommissarien theilen sollen.

Ew. Excellenz bitten wir daher unterthänig, uns darüber hochgeneigt bescheiden zu wollen.

Münster, den 30. Novbr. 1833.

Bei Beantwortung der, im Berichte des Königl. Oberlandesgerichts vom 30. Novbr. v. J. aufgestellten Frage:

> welchem Justizkommissarius das in Appellationssachen nach dem Gesetze vom 1. Juni v. J. bei Gegenständen bis 50 Rthlr. zulässigen Gebühren-Pauschquantum zukomme?

müssen verschiedene Fälle unterschieden werden. Wenn nämlich

1) die Sache in zweiter Instanz ohne mündliche Verhandlung vor dem Appellationsrichter entschieden wird, und sich eine der Parteien zur Rechtfertigung der Beantwortung der Appellationsbeschwerden eines Justizkommissarius bedient hat, so erhält dieser das ganze zulässige Gebühren-Pauschquantum.

2) Wenn dagegen die Partei die Appellationsbeschwerde oder deren Rechtfertigung mündlich zum gerichtlichen Protokoll erklärt hat, und dagegen durch einen Justizkommissarius in der mündlichen Verhandlung vor dem Appellationsrichter vertreten worden ist, so ist diesem das ganze Gebührenquantum zu bewilligen.

3) Wenn endlich eine Partei sowohl bei der Abgabe der Appellationsbeschwerden oder deren Rechtfertigung, als auch bei der mündlichen Verhandlung vor dem Appellationsrichter, durch Justizkommissarien vertreten worden ist, so wird das Pauschquantum zwischen beiden Justizkommissarien zur Hälfte getheilt.

Berlin, den 14. Januar 1834.

(v. K. Jahrb. Bd. 43. S. 196.)

5) **Rescript** vom 24. März und 9. August 1834, betr. die Gebühren der Justizkommissarien in der Exekutions-Instanz in Bagatellsachen.

Bei urschriftlicher Zufertigung der von dem Königl. Land- und Stadtgericht zu Gardelegen unterm 29. v. M. ergangenen Anfrage:

Berlin, gedruckt bei A. W. Hayn.

FSC
www.fsc.org
MIX
Papier | Fördert
gute Waldnutzung
FSC® C083411

Kolibri 360 GmbH
Ferdinand-Jühlke-Straße 7
99095 Erfurt, Deutschland
produktsicherheit@kolibri360.de